KB236511

5초 안에 남자의

거짓말을 읽는 법

5초 안에 남자의 거짓말을 읽는 법

댄 크럼 지음

윤혜영 옮김

이상

2010년 11월 20일 초판 1쇄 인쇄
2010년 11월 25일 초판 1쇄 발행

지은이	댄 크럼
옮긴이	윤혜영
펴낸이	이상규
편집인	김훈태
책임편집	이효심
마케팅	정종천
펴낸곳	이상미디어
등록번호	209-90-85645
등록일자	2008.09.30

주소	서울시 성북구 정릉동 667-1 4층
대표전화	(02) 913-8888
팩스	(02) 913-7711
E-mail	leesangbooks@gmail.com
ISBN	978-89-94478-08-1

"가장 잔인한 거짓말은 침묵 속에서 이루어진다."

- 로버트 루이스 스티븐슨Robert Louis Stevenson

프롤로그

그 남자, 혹시 거짓말하고 있지 않을까? 11 | 매력적인 연애 탐정이 되라 13
완벽한 이상형을 찾기 위한 마음 준비운동 15

1. 남자의 거짓말을 읽어낼 수 있을까?

애슐리, 네 명의 남자를 만나다 19 | 두 개의 진실, 두 개의 거짓 37

2. 남자는 왜 거짓말을 할까?

거짓말의 두 가지 종류 41 | 거짓말에도 강약이 있다 48
거짓말을 하는 네 가지 이유 51

3. 남자의 진실을 애써 찾지 마라

남자의 말을 곧이곧대로 믿지 마라 63 | 남자를 내 멋대로 해석하지 마라 64
진실한 행동의 함정 65 | 진실, 가장 쉬운 거짓말 77

4. 먼저 당신의 머릿속을 깨끗이 비워라

편견 없애기 81 | 정신 차려라! 84
백지상태에서 시작하라 88

5. 5초 안에 모든 것이 결정된다

1단계 : 남자의 정상상태를 파악하기 105
2단계 : 거짓말을 간파하기 위한 네 가지 질문 115
3단계 : 질문하기 전에 제정신 차리기 119 | 4단계 : 몰입의 창 찾기 120

6. 거짓말을 숨기기 위한 두 가지 패턴

얼음·도주·투쟁! 131 | 왜 자율신경계가 당신의 지원군일까 132

7. 거짓말을 찾아내는 14가지 방법

스트레스 신호를 찾아라 147 | 언어적·비언어적인 거짓 단서 148
먼저 남자의 정상상태를 찾아라 150 | 기억해야 할 다섯 가지 151
언어적 거짓의 14가지 종류 152

8. 몸짓으로 나타나는 22가지 거짓말

남자의 정상상태가 무엇인지 기억하라 189
언어적 거짓과 비언어적 거짓 징후 구별하기 190
몸의 수면상태가 깨어나는 것을 살펴라 191
몸의 수면상태가 깨어나기 전 알아야 하는 22가지 반응 192

9. 최종판결 : 누가 거짓말쟁이인가?

두 가지 질문 다시 보기 211 | 편견 없이 관찰하라! 212
네 남자의 거짓말을 읽어내는 법 213
당신은 이제 이상형을 찾을 자격이 있다 227

10. 완벽한 이상형을 찾기 위한 필살기

깊이 들어가기 1 : 무대 정하기 233
깊이 들어가기 2 : 교감 242
깊이 들어가기 3 : 당신의 직감을 믿어라 245

프롤로그

· · ·

용의자는 입술을 핥고는 자신의 신발을 내려다본다. 그의 손은 탁자 위에 포개져 있는데 가끔씩 무릎을 만지기도 한다. 방 안의 불빛과 온도가 세밀하게 조정되어 있다. 심문관은 용의자의 반응에 집중하기 위해 소음을 차단한다. 심문하는 동안 용의자는 간간이 넥타이를 바로잡고 시계를 만지작거린다. 그리고 가끔씩 다리를 꼰다. 심문이 끝났다. 그는 이 상황을 대수로이 여기지 않는다. 그의 거짓말이 너무 완벽해서 경험 많은 베테랑 심문관조차도 속는다.

이것은 내가 CIA에서 거짓말 탐지 수사관으로 일할 때 일어났던 악몽 같은 상황이 아니다. 불행하게도 이것은 데이트 현장에서 남자가 여자를 속이는 상황이다. 결혼한 부부의 저녁식사 자리거나 침실, 심지어 시끄러운 클럽에서도 이러한 상황은 일어날 수 있다. 여자는 전문가도 아니고 게다가 적극적으로 거짓을 찾으려 하지도 않는다. 그리고 남자는 이 점을 너무나 잘 알고 있다. 만약 이러한 상황에 익숙한 여자라면, 이 책을 읽을 이유가 충분하다.

그 남자, 혹시
거짓말하고 있지 않을까?

—

이 책을 읽고 있는 당신은 이미 그 답을 알고 있거나 의심하고 있을 것이다. 이 문제에 관한 한 당신은 혼자가 아니다. 최근에 한 연애 사이트에서 실시한 설문 조사에 따르면, '당신이 만나고 있는 남자가 100퍼센트 진실하다고 생각합니까?'라는 질문에 응답자의 78퍼센트가 '아니오'라고 대답했다. '당신은 처음 데이트를 할 때 상대방을 믿습니까?'라는 질문에는 67퍼센트의 응답자가 '아니오'라고 말했다. 정신이 번쩍 들고 다소 우울한 이 통계는 내 경험상 틀림없는 사실이다.

나는 과거 CIA의 거짓말 탐지 수사관이었다. 나의 주된 일은 매일같이 거짓을 알아내는 것이었다. 나는 매우 강도 높은 훈련을 받았고, 계속해서 미국의 엘리트 학교에서 열리는 수많은 학회와 세미나에 참석했다. 그리고 마침내 거짓말 수사의 전문가가 되었다.

나는 CIA에서 일하는 동안 수없이 많은 사람들을 심문하고 조사했다. 그들에게 거짓말 테스트를 하면서, 나는 이것이 실생활에서도 절실히 필요하다는 생각을 했다. 내 주변의 여성들이 이런 우울한 말을 반복하고 있었기 때문이다.

"그 남자, 혹시 거짓말하고 있지 않을까?"

그녀들 중에는 나의 CIA 경력을 알고 있는 사람도 있었고 모르는 사람도 있었다. 그들은 내가 같은 남자로서 어떻게 생각하는지 알고 싶어 했다. 나는 그들에게 그저 주관적인 견해가 아닌 객관적이고 확실한 대답을 해주었다. 심지어 전문적인 증거를 제시하기도 했다. 안타깝게도, 그녀들의 물음에 대한 나의 대답은 대개 부정적이었다.

"그래, 그 남자는 너에게 거짓말을 하고 있어."

매력적인 연애 탐정이 되라

—

나는 단순히 술자리에서 친구들을 상담해주는 것에 그치지 않고 많은 여성들에게 CIA에서 갈고닦은 기술을 가르쳐주고 싶었다. 그래서 나는 미혼 여성이나 남편을 의심하고 있는 여성의 입장에서 생각해보려고 했다.

- 여자들은 무엇을 알아야 할까?
- CIA에서 사용하던 전문적인 기술 없이 남자의 거짓말을 간파할 수 있을까?

나는 평범한 여성들이 매력적인 연애 탐정이 되고 더 나아가 모든 사람들이 거짓말을 간파할 수 있도록 돕고 싶었다. 많은 시행착오 끝에 나는 효과적인 방법을 개발해냈다. 이제 당신은 다양한 거짓이 언제, 어떻게 드러나는지 배우게 될 것이다. 이 책이 끝나갈 때쯤 당신은 거짓에 당당히 맞설 수 있을 것이다.

영화 〈어퓨굿맨〉에는 잭 니콜슨의 유명한 대사가 나온다.

"너는 진실을 감당할 수 없어!"

당신은 진실을 감당할 수 있는가? 나는 이 책을 손에 든 당신이 과거에 거짓말에 속은 적이 있거나 거짓말에 속는 것을 두려워하거나 앞으로 거짓말에 속게 될까 봐 걱정하는 상황에 놓여 있을 거라고 확신한다. 세 가지 중에 하나라도 해당되는 게 있다면 데이트하지 말고 탐정처럼 분석하라!

소개팅에 나가는 많은 여성들은 백마 탄 왕자님을 기대하며 나간다. 자신들을 오래오래 행복하게 해주고 동화 속 궁전으로 데려가줄 왕자 말이다.

여러분에게 한 가지 알려주겠다. 남자들도 이 사실을 알고 있다! 솔직히 말해서 이 점을 이용한다. 거짓말하는 대부분의 남자들은 당신이 그들의 반짝이는 구두와 두툼한 지갑, 멋지게 정돈된 수염을 쳐다보느라 너무 바빠서 그들의 기계적인 대답과 그들의 목소리에서 드러나는 노골적인 거짓조차 알아차리지 못한다는 것을 잘 알고 있다.

물론 세상에는 정직한 남자들도 많이 있다. 나쁜 남자들의 속임수를 간파하는 법을 배운다면, 당신은 좋은 남자들의 사려 깊음과 진실성을 느끼며 그들과 더욱 깊이 교감할 수 있을 것이다. 좋은 남자를 알아보는 것은 가치 있는 기술이다. 그러니 나쁜 남자에게 빠져들기 전에 그들의 속임수를 간파해야 한다.

어쩌면 이 말이 무자비하게 들리고 내가 제시하는 사례들이 당신을 우울하게 만들지도 모르겠다. 그리고 내가 가르쳐주려는 사실로 인해 머리를 한 대 맞은 것처럼 멍해질 수도 있다. 그러나 배워야 한다. 자신이 거짓에 속고 있다고 생각했기 때문에 이 책을 펼친 것이 아닌가. 당신이 진실을 감당할 준비가 되어 있지 않다면 이 책은 시간 낭비이자 돈 낭비가 될 것이다.

완벽한 이상형을 찾기 위한 마음 준비운동

걱정하지 마라. 남자의 거짓을 잡아내는 구체적인 방법은 진실 찾기에 대한 당신의 걱정을 덜어줄 것이다. 이 방법은 당신이 신중하게 결정하고 선택하는 데 도움을 줄 것이다.

본격적으로 시작하기 전에 한 가지 짚고 넘어가야 할 것이 있다. 다시 한번 말하지만 이 책에서 가장 중요한 것은 당신의 태도이다. 당신은 진심으로 이 책을 읽고 이 방법을 삶에 적용할 각오가 되어 있어야 한다.

당신의 대답이 '아니오'라면 이 책을 읽는 것은 시간낭

비다. 나는 실망하지 않을 것이다. 사실 학교를 졸업한 이후로 책 한 권을 온전히 읽어내는 사람은 많지 않다. 당신은 그저 오프라 윈프리가 거짓말하는 남자에 대해 말하는 것을 들었거나 베스트셀러이기 때문에 이 책을 샀을 것이다. 당신은 그런 부류의 사람인가?

나는 당신이 열렬하게 "네, 나는 진심으로 이 방법을 삶에 적용하겠습니다"라고 대답하길 바란다. 나는 당신이 더 나은 삶을 만들기 위해 이 책을 선택했다고 믿는다. 연애 성공의 첫걸음은 바로 당신의 각오이다. 자, 이제 마음속으로 하이파이브를 힘차게 날려보자.

이 책에 소개된 방법들을 습득한다면 당신의 삶과 데이트 현장에서 당신의 태도는 바뀔 것이다. 준비되었는가? 좋다. 이제 나와 함께 남자의 거짓말을 샅샅이 파헤쳐보자.

남자가 원하는 것이 당신과 친해지는 것이라면 당신은 그에게 사적인 질문을 할 충분한 자격이 있고 당신의 궁금증을 해소할 권리가 있다. 그리고 그가 당신에 대해 더 알기를 원한다면 그는 노력해서 당신의 신뢰를 얻어야 한다.

1.

남자의 거짓말을
읽어낼 수 있을까?

…

스피드 데이트는 1990년대 후반에 캘리포니아에서 시작되었다. 이는 소개팅과 단체 미팅의 장점을 결합한 것으로, 한 번에 여러 명의 이성을 만날 수 있다. 각각 5〜8분씩 대화를 나누고 모든 만남이 끝난 뒤 마음에 드는 이성을 선택한다. 바쁘고 내성적인 여성들에게 한 번의 주선으로 다양한 남자들을 빠르고 편리하게 만날 수 있는 기회를 제공한다.

하지만 나에게 스피드 데이트는 거짓이 무럭무럭 자라나는 배양접시나 마찬가지다. 게다가 남자들이 스피드 데이트에 참여한 경험이 많을수록 여자들을 속이는 데 더 능숙해진다. 스피드 데이트에 나가면 한 남성이 열 명 이상의 여성을 만날 수 있기 때문이다.

물론 세상의 모든 싱글 남성들이 당신을 이용하려는 것은 아니다. 하지만 남자가 여자를 속이고자 한다면 지구상에서 스피드 데이트 행사보다 쉽고 편한 곳은 없다. 여기서 남자들은 빠르게 자신의 기술을 완성할 수 있다. 무엇에 속고 무엇에 속지 않는지를 시험하면서 자신을 의심하지 않는 여자들을 만날 때마다 그는 거짓말의 귀재로 점점 진화한다.

예를 들어 스피드 데이트에서 만난 첫 번째 여성이 속았던 말을 약간만 더 그럴듯하게 꾸민다면 두 번째 여성은 더 잘 속을 것이다. 만약 세 번째 여성에게 성공하지 못했다 하더라도 네다섯 번째 여성 앞에 섰을 때는 다시 써먹을 수 있다. 그래서 여덟아홉 번째 여성쯤에 가서는 그의 기술이 완벽해진다. 그리고 그날 밤 마지막 한두 여성들은 그에게 완전히 속게 될 것이다.

애슐리, 네 명의 남자를 만나다

―

이제 나의 최고의 학생인 '애슐리'를 등장시키겠다. 삼십 대에 접어든 애슐리는 미혼으로 운명의 짝을 찾고 있다. 이십 대에 견뎌야 했던 나이트클럽에서의 신경전에 질렸지만 여전히 안전지대(집과 회사) 밖에서 매력적인 남자를 만나길 고대하고 있다.

애슐리가 처음 스피드 데이트를 제안했을 때 나는 그것이 남자의 거짓말을 간파할 수 있는 좋은 아이디어라고 생각했다. 스피드 데이트 현장에 애슐리를 따라가 진실을 말하는 남자와 거짓을 말하는 남자를 가려내는 것보다 더 좋은 방법은 없을까?

그래서 나는 애슐리에게 한 가지 제안을 했다. 스피드 데이트에서 만난 모든 남자들에게 두 가지 고통스러운 질문을 한 뒤, 그들의 언어적, 비언어적 반응을 유심히 살펴 나에게 보고하기로 한 것이다. 나는 그들의 반응을 분석하여 누가 거짓말을 했는지 알려주기로 했다.

애슐리는 즉시 동의했다. 당신은 우리의 이 작은 실험
이 거짓말쟁이를 잡아내는 데 꽤 유용하다는 사실을 곧
깨닫게 될 것이다. 각 장에서 다양한 거짓 징후에 대해 다
룰 것인데 이는 네 명의 남자들이 이날 밤 사용한 다양한
거짓을 간파하기 위해서이다. 또 애슐리가 그들의 반응에
서 무엇을 목격했는지도 살펴볼 것이다. 그리고 이 책의 9
장에서 네 명의 남자들 중 누가 거짓말을 했는지 공개할
것이다. 당신은 이 실험을 통해 앞으로 만나게 될 남자의
속임수를 간파하는 법을 자연스럽게 터득할 것이다.

그럼 서론은 이만 접고 우리의 등장인물들을 만나보기
로 하자. 이제 각자 집에 앉아서 연애 탐정이 되어보는 것
이다. 과연 당신은 거짓말쟁이를 찾아낼 수 있을까?

애슐리는 삼십 대 전문직 여성으로 매력적이고 스타일
도 좋으며 조심성 있는 여성이다. 문제의 그날 밤 그녀는
자신이 가장 좋아하는 옷을 입고 고급 레스토랑에서 열리
는 스피드 데이트 행사에 참여했다. 이 레스토랑은 사랑을
찾는 바쁜 싱글 여성들을 위해 월요일 밤마다 스피드 데
이트 행사를 열었다.

조금 일찍 도착한 그녀는 간단하게 자기소개서를 작성

했다. 두 사람만을 위한 안락한 곳에 자리를 잡은 뒤 와인 한 잔을 주문했다. 종업원이 그녀의 테이블 구석에 번호를 붙이며 명랑하게 "행운을 빌어요!"라고 말했다.

애슐리는 와인을 한 모금 마시며 마음을 가다듬었다. 그리고 내가 그녀에게 전달한 두 가지의 질문을 바라보았다. 애슐리는 자신이 예전에 사귄 남자들이 모두 바람 피운 것 같다고 말했다. 그녀는 그것을 용서할 수 없는 모욕이라고 생각했고 한 번도 바람 피워본 적이 없는 남자를 찾으리라 마음먹었다. 그래서 나는 그녀의 상황에 맞게 질문을 만들었다.

겉으로 보기에는 악의 없는 질문 같아 보이지만, 이는 남자의 거짓말을 이끌어내기 위해 특별히 만들어진 질문이다. 나는 애슐리에게 무엇보다 중요한 것은 그것을 묻는 방법이라고 조언했다. 연이어 묻지 말고 대화 중간에 자연스럽게 끼워 넣을 것을 강조했다. 애슐리는 그 질문들을 몇 번 되뇐 뒤, 질문이 적힌 종이를 핸드백에 넣었다.

레스토랑은 젊은 남녀들로 넘쳐났다. 약간 시끄러운 진행자가 사람들을 소개하고는 노골적인 농담으로 분위기를 띄웠다. 그리고 그는 신체접촉은 안 되며 남성은 벨이 울리면 바로 자리를 떠야 한다는 행사의 규칙을 소개했다.

애슐리는 남자들이 데이트 시작의 신호를 기다리며 바에 모여 서성이는 모습을 지켜봤다. 그들은 정중하고 외모를 잘 가꾸는 전문직 남성들처럼 보였다. 그들 중 누구도 거짓말을 할 것처럼 보이지 않았다. 그녀는 다시 정신을 차리고 거짓말쟁이처럼 보이는 사람은 뛰어난 거짓말쟁이가 아닐 거라고 생각했다. 곧 스피드 데이트가 시작되었고 애슐리는 그날 밤의 첫 번째 '데이트 상대'인 데이브를 만났다.

볼수록 매력 있는 사업가, 데이브

데이브는 애슐리를 향해 당당하게 걸어왔다. 그는 첫 번째 규칙(신체접촉 금지)을 깨고 앉기 전에 악수를 청했다. 그와의 악수에서 적당한 안정감이 느껴졌다. 그녀는 남성적이지만 마초 같지 않은 그에게 호감을 가졌다. 데이브는 키가 크고 거무스름한 피부에 호남형이었고 옷을 잘 입었다. 그가 그녀의 블라우스를 칭찬하고 머리를 새로 했냐고 물었을 때 진심인 것 같았다.

데이브의 모든 것이 '그녀의 이상형'에 가까웠다. 그는 그녀가 항상 먼저 빠져들고 결국에는 차이고 마는 그런 타입의 남자였다. 그녀는 과거의 기억에 얽매여 그를 부정적으로 보지 않으려고 노력했다. 데이브는 분위기를 잘 이끌었고 그들이 앉은 자리는 그의 매력으로 넘쳐흘렀다.

애슐리는 조심스럽게 일상적인 대화를 건넸다. 데이브는 자신이 하고 있는 사업을 '컴퓨터'라고 애매하게 얼버무리고는 웃으며 이렇게 말했다.

"사실 저는 3년 전에 컴퓨터 수리 회사를 시작했어요. 그리고 사업이 계속 잘 됐지요. 베스트 바이Best Buy(미국 전자 제품 소매 전문 업체)에서 집으로 찾아가는 비용의 반으로 같은 서비스를 제공하기 때문이죠."

애슐리는 데이브의 자신감과 침착함에 좋은 인상을 받았다. 시간이 얼마 남지 않자 애슐리는 마음을 다잡고 첫 번째 질문을 던졌다.

"데이브, 혹시 바람 피워본 적이 있나요?"

데이브는 웃으며 다리를 꼬고는 몸을 앞으로 바짝 당겨

1. 남자의 거짓말을 읽어낼 수 있을까?

앉았다.

"어떨 것 같아요?"

그는 코웃음을 치며 냉정한 말투로 이어서 물었다.

"솔직히 그건 좀 사적인 질문이라고 생각하지 않아요? 내 말은 '바람 피운다'는 말의 정의에 따라 대답이 달라질 것 같은데요."

애슐리는 어깨를 으쓱하고는 수줍게 인정했다.

"그렇네요, 데이브. 하지만 그럼 이렇게 물어볼게요."

그녀는 두 번째 질문을 던졌다.

"남자친구가 바람 피우는 것을 알았을 때 여자가 어떻게 해야 한다고 생각하세요?"

데이브는 다시 다리를 꼬고는 대답하기 전에 가벼운 헛기침을 했다.

"그건 상황에 따라 다르겠죠."

그는 이어서 말했다.

"내 말은 그건 그가 솔직히 고백했는지 아닌지에 따라 다를 것 같군요. 그 남자가 사과했나요? 그가 당신에게 어떤 보상을 했죠? 제가 무작정 비난하기는 좀 그렇군요."

애슐리가 대답했다.

"음, 저는 누굴 비난하려고 말한 게 아녜요, 데이브. 제

말은 스스로에게 솔직……."

그때 벨이 울렸다. 그저 날씨에 대해 얘기하고 있었던 것 마냥 그는 서둘러 일어났다. 데이브가 다시 악수를 청하며 말했다.

"다시 볼 수 있었으면 좋겠어요."

애슐리는 자신도 모르게 얼굴을 붉히며 속 마음을 내비치고 말았다.

따뜻하고 부드러운 척

애슐리의 다음 데이트 상대인 척은 삼십 대 후반이었지만 소년 같은 외모를 지닌 '동안'이었다. 테가 있는 안경을 쓰고 있었으며 얼굴에 항상 미소를 띠고 있었다. 데이브처럼 매혹적인 외모는 아니었지만 그는 진실해 보였고 그의 열정을 쉽게 느낄 수 있었다.

척은 앉기 전에 악수를 청했다. 그 역시 첫 번째 규칙을 어겼다. 그의 손은 따뜻하고 축축했지만 거부감이 들지는 않았다. 겉보기에는 자신감 있어 보이지만 속으로는 매우 긴장하고 있는 그를 애슐리는 조금 귀엽다고 생각했다. 그들은 눈에 띄게 필사적인 참가자들을 바라보며 함께 웃었다.

척의 모든 행동이 마음에 들었다. 그는 그녀에게 관심이 많은 듯 이것저것 물었다. 그녀의 말을 경청하는 것 같았고 그녀가 진부한 농담을 할 때조차도 크게 웃었다. 그녀는 척의 외모가 확 끌리지는 않았지만 그는 분명 대화하기 좋은 상대라고 생각했다. 시간이 1/3쯤 지났을 때 첫 번째 질문을 던졌다.

"바람 피워본 적이 있어요, 척?"

"아니요. 결코, 절대 없어요."

척은 눈 하나 깜박하지 않고 즉시 대답했다. 그녀의 눈을 바라보며 그는 진지하게 말했다.

"왜 물어보세요?"

그녀가 대답하기도 전에 그는 불쾌한 표정으로 결론을 지었다.

"저는 바람 피우는 남자를 존중할 수 없거든요."

애슐리는 그가 완벽하게 꾸며서 대답한 것인지, 진심이었는지 확신할 수 없었다. 궁금한 애슐리는 재빨리 두 번째 질문을 던졌다.

"남자친구가 바람 피우는 것을 알았을 때 여자가 어떻게 해야 한다고 생각하세요?"

척은 대답하기 전에 아주 잠깐 헛기침을 했다.

"차버려야죠!"

잠시 어색한 침묵의 시간이 지나고 척이 말했다.

"솔직히 고백할 게 있어요……."

애슐리는 속으로 '오, 이런. 올 것이 왔군'이라고 생각했다. 그녀는 그가 '전에 사귀던 여자 친구를 두고 바람 피운 적이 있어요'라고 고백할 거라고 생각했다. 하지만 척은 전혀 예상치 못한 말을 했다.

"쏘아 붙여서 미안해요."

그는 그녀에게 사과했다. '바람 피워본 적이 없다'고 완강히 말하는 것을 애슐리에게 쏘아 붙였다고 볼 수는 없었다.

"그러니까, 전에 만났던 여자 친구와 좋게 헤어지지 못했어요. 3년이나 사귀었는데 알고 보니 그중 2년이나 그녀가 바람을 피웠더라고요. 이해심이 많은 것도 때로는 단점이라고 친구들이 그러더군요. 그건 그냥 넘어갈 수 있는 일이 아니라고요."

애슐리는 '어느 누구에게도 감정을 갖지 말라'는 친구의 지령을 무시한 채 척과 남은 시간을 보냈다. 그녀는 그와 몇 년까지는 아니더라도 몇 달은 알고 지낸 사이처럼 느껴졌다. 척이 다음 자리로 옮겨가기 위해 자리에서 마지못해 일어났을 때 그녀 역시 척과 헤어지는 것이 아쉬웠다.

조용한 회계사, 필

특히 다음 상대가 나타났을 때 척이 떠난 것이 더욱 아쉬웠다! 필이 애슐리의 테이블 쪽으로 걸어올 때 행사는 중반으로 접어들고 있었다. 광을 낸 검은 구두와 잘 맞지 않는 회색 정장, 알이 두꺼운 안경, '2대 8'가르마에 숱이 적은 머리까지 그는 온몸에 '회계사'라고 쓰여 있었다. 그는 긴장하고 수줍어 하는 것처럼 보였다. 그날 밤 만났던 네 명의 남자들과는 달리 그는 유일하게 악수를 청하지 않았다.

하지만 애슐리는 그 점이 왠지 마음에 들었다. 필은 신체접촉 금지라는 첫 번째 규칙을 지킨 유일한 사람이었기 때문이다. 그는 먼저 나서서 말을 많이 하지는 않았고 애슐리가 뭔가를 물어볼 때까지 조용히 있었다. 마침내 그녀가 첫 번째 질문을 던졌을 때 그는 놀란 것 같았다.

"바람 피워본 적이 있나요?"

"진심으로 저한테 그걸 물어보는 건가요? 제가 그런 타입의 남자로 보이세요?"

그는 살짝 자세를 고쳐 앉으며 방어적으로 말했다.

“제 말은…… 그게 왜 중요한지 모르겠네요. 제가 당신을 두고 바람 피우는 일은 절대 없을 겁니다!”

애슐리는 필의 열정에 강한 인상을 받았다. 점잖게 생긴 이 남자는 배신에 대해 강한 반감을 가지고 있는 것이 분명했다. 그건 불쌍한 척처럼 배신을 당한 적이 있기 때문일까? 아니면 배신을 한 적이 있기 때문일까? 그의 진심을 알아내는 유일한 방법은 두 번째 질문을 던지는 것뿐이었다.

“남자친구가 바람 피우는 것을 알았을 때 여자가 어떻게 해야 한다고 생각하세요?”

필이 자세를 고쳐 앉으면서 물었다.

“제가 한 번 물어보죠. 만약 남자가 바람 피운 사실을 알게 되었다면 어떻게 하시겠어요?”

그녀는 시선을 아래로 떨어뜨리며 털어놓았다.

“바람 피운 사실을 알게 된 적이 있어요, 필. 그래서 그 남자와 헤어졌다고 말하고 싶지만 그게 두 번째로 바람 피운 거였죠. 저는 딱 두 번뿐이었길 믿어요! 어쨌든 결국 저는 그와 헤어져야 했어요.”

애슐리는 질문에 답하지 않고 다른 질문으로 되받아치는 그가 어떤 사람인지 확신이 서지 않았다. 그녀는 남은

시간 동안 그의 데이트 습관에 대해 몇 가지 더 물어보았
다. 그녀는 그가 마음이 열려 있고 정직하며 그녀를 더 알
고 싶어 하는 것에 놀랐다. 그와 달리 그녀는 이 전형적인
회계사 타입인 필과 같은 감정을 느끼지는 않았다. 그리고
그의 직업은 정말로 회계사였다!

솔직하고 쾌활한 샘

애슐리의 마지막 데이트 상대인 샘은 조금 어린 편에 속
했다. 이십 대 후반으로 매우 젊은 옷차림이었다. 스키니
진과 단순한 후드 티셔츠를 입었다. 그의 얼굴은 면도를
하지 않아 지저분해 보였지만 그녀는 그것이 설정이라고
생각했다. 그의 눈썹은 세심하게 다듬어져 있었고 짙은 녹
색 눈동자를 가지고 있었다. 나이 차이에도 불구하고 애슐
리는 맞은 편에 앉은 샘에게 호감을 느꼈다. 그는 의자에
몸을 편하게 기대고 앉아 다리를 꼬았다.

처음 몇 분간 두 사람은 형식적이고 일상적인 대화를
나눴다. 샘의 전화벨이 울리자 그가 당황하며 황급히 전화
를 껐다. 그의 전화벨은 그녀가 좋아하는 노래였다. 그것
을 계기로 좋아하는 음악에 대해 이야기를 나눴다. 그녀가
마침내 첫 번째 질문을 해야겠다고 생각했을 때에는 시간

Freedom

이 얼마 남지 않은 상태였다.

"샘, 바람 피워본 적이 있나요?"

샘은 매우 즐거운 듯 보였다. 가만히 앉아서 능글맞게 웃으며 말했다.

"아뇨, 없어요. 뭐, 졸업무도회 때 제 데이트 상대가 취해서 두 명, 아니지, 세 명의 다른 남자한테 키스했죠. 복수로 저는 교장 선생님 볼에 키스를 했고요. 그것도 해당 되나요?"

애슐리는 겨우 웃음을 참고 두 번째 질문을 던졌다.

"남자친구가 바람 피우는 것을 알았을 때 여자가 어떻게 해야 한다고 생각하세요?"

이번에 샘은 더 완강한 모습이었다.

"헤어져야죠. 당연히 차버려야 합니다. 빨리 다른 남자를 찾아봐야죠!"

애슐리가 동의하며 고개를 끄덕이는 것을 보고 샘은 예리하게 말했다.

"흠, 그래서 오늘 여기 나오셨나보죠?"

두 개의 진실, 두 개의 거짓

—

자, 여기까지다. 네 명의 용의자와 단순하지만 사실은 의미심장한 두 개의 질문. 당신은 이미 거짓말쟁이를 찾았는가? 데이브의 외모가 너무 매력적이어서 애슐리처럼 그에게 끌렸는가? 안아 주고 싶을 만큼 편안한 척이 음흉하게 거짓말에 성공한 것일까? 두꺼운 안경을 쓰고 안쓰러워 보이는 회계사 필이 뭔가 숨기는 게 있다고 생각하는가? 아니면 샘이 자신에 대해 너무 솔직했다고 생각하는가?

너무 확신하지는 말기 바란다. 때로는 매력 있는 사람이 실제로도 매력적이고 서투른 사람은 그저 서툰 사람이기도 하기 때문이다. 반대로 우리는 이런 말도 알고 있다. '믿을 수 없을 정도로 좋다면 대개 그것은 진실이 아니다.' 당신은 어느 쪽을 택하겠는가!

어쩌면 데이브의 훌륭한 외모는 거짓말을 가려줄지도 모른다. 이해심 많고 따뜻해 보이는 척의 행동이 실제로는 그저 연기일지도 모른다. 필이 그 두꺼운 안경 뒤에 무엇을 숨기고 있는지 누가 알겠는가? 속임수에 있어서 샘은 자기 나이를 초월한 것일지도 모른다.

나는 거짓말쟁이들이 아주 다양한 모습을 하고 있다는

것을 경험상 잘 알고 있다. 만약 당신이 '정말로 그럴 줄은 몰랐던' 사람에게 속은 적이 있다면 아마 내 말에 동의할 것이다.

물론 애슐리와는 달리 나는 데이브의 짙은 머리카락과 푸른 눈, 매니큐어를 바른 손톱에 신경 쓰지 않았다. 나는 애슐리가 첫 번째 질문을 던졌을 때 그가 어떻게 앉아 있었는지, 그의 목소리가 어떻게 변했는지에 대해 더 집중했다. 또 그의 자세나 목소리가 변했다면 그 후에 어떤 말이나 행동을 했는지에 대해 관심을 가졌다.

나에게는 샘의 후드 티셔츠에 쓰여 있던 문구보다 그가 앉아 있는 방식이 훨씬 더 흥미로웠다. 특히 그가 두 가지 질문에 대답할 때 편안한 자세를 계속 유지하고 있었는지, 아니면 자세를 바꾸었는지에 대해 주목하고 있었다.

네 명 중에 두 명은 진실을 말하고 두 명은 거짓을 말했다. 그 판결은 9장에 자세히 나와 있다. 거짓말쟁이가 어떤 말을 하는가보다 그 순간 그들이 무엇을 하고 있는가가 더 중요하다. 무슨 말인지 잘 모르겠다면, 이 책을 계속 읽어나가길 바란다. 당신의 이름이 자랑스럽게 새겨진 '데이트 탐정 배지'가 당신을 기다리고 있다!

남자는 왜
거짓말을 할까?

· · ·

당신은 '의미 없는 거짓말은 절대 없다'는 사실을 알고 있는가? 남자들이 하는 거짓말의 종류는 특정한 것을 언급하지 않는 '누락'과 의도적인 거짓인 '오류'로 나누어볼 수 있다. 또 거짓말의 강약에 따라 '심각한 거짓'과 '악의 없는 거짓'으로 구별한다. 당신은 왜 남자가 거짓말을 하는지 궁금한 적이 없었는가?

모든 거짓말이 해가 되는 것은 아니다. 예를 들어 어떤 남자는 자신의 허리치수가 실제로 40인치를 향해가고 있지만 곤란한 상황을 피하기 위해 연애 사이트 프로필에는 36인치라고 속여 올릴 수도 있다. 어떤 남자는 예의상 당신의 새로운 머리스타일이나 옷에 대해 솔직하게 말하지 않고 거짓말을 하기도 한다. 자신의 돈을 노렸던 여자들에게 상처를 받은 남자는 수백만 달러짜리 회사의 이름을 제대로 알려주지 않거나 자신이 타는 차의 종류가 무엇인지 두루뭉술하게 알려줄지도 모른다.

남자의 거짓말을 간파하는 법을 배울 때 거짓말의 종류와 거짓말의 강약, 거짓말을 하는 이유를 아는 것이 매우 중요하다. 이것은 당신이 더 나은 남자를 선택하는 데 도움을 줄 것이다. 예를 들어 한 남자가 당신의 기분을 생각해 거짓말을 했다고 해보자. 당신이 그를 어떻게 평가할지 알 수 없지만 이것은 남자가 당신을 속이기 위해 노골적으로 오류를 늘어놓는 것, 즉 당신에게 틀린 전화번호나 이메일 주소를 알려주는 경우와는 다르다.

자, 이제 본격적으로 남자들이 하는 거짓말의 다양한 종류와 정도의 차이, 이유에 대해 살펴보자.

거짓말의 두 가지 종류

남자들이 하는 거짓말의 두 가지 종류인 누락과 오류를
설명하기 위해서는 두 명의 남자가 필요하다. 이번에는 애
슐리가 스피드 데이트 행사에서 '레오'와 '채드'라고 하는
두 남자를 만났다고 가정해보자. 둘 다 결국 그녀를 속였
지만 각자 나름의 독특한 방식을 갖고 있었다.

레오는 언변이 뛰어난 사람이라고는 할 수 없었다. 그
는 긴장했는지 다리를 떨었다. 애슐리는 의식적으로 그의
속임수를 찾아내려고 그를 주의 깊게 살폈다. 그녀는 그가
뭔가 숨기고 있다고 생각했다.

예를 들어 그녀가 레오에게 "어떤 일을 하세요?"라고
물었을 때 그는 재빨리 대답했다.

"증권업계에 있습니다."

애슐리는 좋은 인상을 받았다. 그녀는 좀더 깊이 파고
들어가 그가 어디서 일하는지 물었다.

"시내 쪽에서요."

레오의 대답은 거기서 끝이었다. 애슐리가 웃으며 말했다.

"오, 저도요. 퀸시 빌딩에서 일하고 있어요. 혹시 그 근처에서 일하세요?"

레오가 중얼거렸다.

"멀지 않습니다."

하지만 애슐리가 더 캐묻기도 전에 그는 재빨리 그녀에 대한 것으로 대화의 주제를 바꿨다. 주의를 돌리기 위해 그러는 것 같기는 했지만 애슐리는 그가 정확히 언제 자신을 속였고 왜 그랬는지는 제쳐놓더라도, 그가 자신을 어떻게 속였는지 딱 꼬집어서 말할 수 없었다.

그녀가 그의 속임수를 찾아내기도 전에 둘만의 데이트 시간이 끝났다. 레오가 자리에서 일어나자마자 채드가 재빨리 그 자리에 앉았다. 채드는 건장한 체격으로 헐렁한 카키색 바지에 옥스퍼드 남방을 입고 있었다. 며칠 면도를 하지 않아서 그런지 주변에 서성이는 다른 남자들보다 좀 더 날카로워 보였다.

그들은 일상적인 대화를 나눴다. 애슐리는 채드의 가족에 대해 물었다. 그녀는 남자들을 심문하는 것 같은 상황에 질려 있었고, 채드의 지루한 회계사 업무에 대해 듣는 것에도 흥미를 잃은 상태였다. 그래서 편안하고 일상적인 대화를 나누고 싶었다. 애슐리는 대가족 출신이었고 채드의 말투 역시 대가족 출신인 것처럼 들렸다.

"저는 오빠가 많아요."

애슐리가 채드에게 대가족 출신이라고 말하자 그는 호기심 가득한 눈빛으로 그녀에게 물었다.

"오빠가 몇 명인가요? 저는 형제 둘에 누나 넷이에요. 안 믿기죠?"

애슐리는 놀란 표정을 하며 그에게 물었다.

"누나가 넷이요?"

그는 미소를 지으며 말없이 고개를 끄덕였다.

"예의가 바른 이유가 있었네요."

채드는 쑥스러운 듯 얼굴을 붉혔고 다시 일이나 날씨 같은 평범한 대화가 이어졌다. 애슐리는 짧은 시간 동안 너무 많은 얘기를 나누어서인지 정신이 없었다. 채드는 자리를 뜨기 전에 이렇게 말하며 작별인사를 했다.

"오빠들에게 안부 전해줘요. 저도 항상 남자 형제가 있었으면 했거든요."

애슐리는 그의 뒷모습을 보며 고개를 가로저었다. 방금 노골적으로 속았다는 것을 깨닫자 그녀의 얼굴에서 미소가 사라졌다. 자신에게 두 명의 형제가 있다는 것과 항상 형제를 원했다는 말 중 무엇이 거짓말일까? 그리고 무엇보다도 채드는 그녀에게 왜 거짓말을 했을까?

레오와 채드 둘 다 다른 방식으로 애슐리를 속였다는 것이 드러났다.

누락 : 어떤 것을 언급하지 않는 기술

의도적으로 애슐리의 질문들을 피하고 제대로 대답하지 않은 레오는 어떤 일을 하는지, 어떤 건물에서 일하는지 정확히 말하지 않음으로써 '누락'이라는 속임수를 사용했다.

누락은 누군가가 당신을 속이려는 목적으로 어떤 정보를 언급하지 않는 것이다. 누락을 사용하는 많은 남자들이 당신에게 상처를 주거나 의도적으로 당신을 속이기 위해 그러는 것은 아니다. 그들은 그저 당신에게 적은 정보를 줄수록 더 좋은 관계를 유지할 수 있다는 강한 믿음을 갖고 있을 뿐이다.

이것은 그들이 지난 번 연애에서 심하게 상처를 받았거나, 상대에게 너무 많은 것을 공개해서 지나치게 빨리 가까워졌기 때문일 수도 있다. 또 그들이 상대방에 대한 신뢰가 없는 가정에서 자랐거나 정계나 법조계, 그리고 증권계처럼 정보가 힘인 분야에서 일하고 있기 때문일 수도 있다.

정보를 누락하는 남자들은 질문에 대답할 때 당신이 그들에 대해 모든 정보를 갖게 되면 자신을 대하는 태도가 변할 거라고 생각한다. 그래서 자신의 고백을 거절하거나 무시할 거라고 믿는다. 예를 들어 레오가 자신이 어디서 어떤 일을 하는지에 관한 정보를 누락한 것은 의도적으로 그녀를 속이기 위해서거나 업신여겨서가 아니라 그저 그녀에게 잘 보이고 싶었을 뿐이었다. 그래서 그녀가 원하는 정보를 완전히 제공하지 않는 방법을 사용했다.

레오가 '증권계security'에서 일한다고 말했을 때, 그것은 실제로는 '경비security guard'로 일한다는 사실을 숨기기 위한 임시방편이었다. 만약 레오가 애슐리에게 '서덜랜드 경비회사'에서 일한다는 사실을 솔직하게 말했다면, 그녀는 그가 재정 전문가가 아닌 경비일 뿐이라는 사실을 알게 될 것이다. 그리고 서덜랜드 경비회사는 그 지역의 명소이기 때문에 자신이 일하는 빌딩을 알려주면 자연히 그의 비밀이 노출되었을 것이다.

왜 레오는 애슐리를 속였을까?

어쩌면 그는 자신의 직업을 얕잡아보는 여자들에게 무

시당한 적이 있거나 반대로 자신의 직업에 열등감을 가지고 있을지도 모른다. 또는 그저 처음 만난 애슐리에게 개인 정보를 공유하고 싶지 않은 사람일 수도 있다.

어떤 남자들은 거짓에 대해 다른 사람들보다 더 편안하게 느낀다. 누락을 거짓 수단으로 사용하는 남자는 그렇게 위험한 부류에 속하진 않는다. 실제로 레오는 정보를 누락하는 것을 매우 불편해했다. 심지어 그는 자신에게 변명의 여지를 남겨 놓았다. 나중에 그들이 다시 만날 경우 '증권계'에 있다는 말이 사실은 '경비'였다고 그가 먼저 고백할지도 모른다.

오류 : 의도적인 거짓의 기술

우리는 채드에게 이미 두 명의 형제가 있는지, 아니면 그가 항상 형제를 원했는지 결코 알 수 없다. 채드는 오류라는 거짓의 기술을 사용해 노골적으로 거짓말을 했다.

오류라는 말은 '오해하게 만드는 의견', '잘못된 믿음', 심지어 '신화'라는 뜻을 포함하고 있다. 따라서 오류를 저지르는 사람은 자신이 누군가를 속이고 있다는 것을 분명히 알고 있다.

당신의 질문에 오류로 반응하는 남자는 의도적으로 틀

린 대답을 내놓는다. 채드는 처음에 '두 명의 남자 형제'가 있다고 대답했다. 그러고 나서 헤어질 때는 '항상 남자 형제가 있었으면 했다'라고 말했다. 어느 쪽이 맞는 걸까? 사실 채드에게 형제가 몇 명이나 있는지는 애슐리에게 득이 될 것이 없다. 어느 쪽이든 하나가 옳다면 다른 하나는 틀린 것이기 때문이다. 그것도 단순히 실수로 틀린 것이 아니라 노골적인 거짓말인 것이다.

물론 오류로 답하는 모든 남자가 당신에게 상처를 주기 위해 거짓말을 하는 것은 아니다. 하지만 누락하는 남자들보다 그런 의도를 가진 경우가 더 많다. 그들은 적극적으로 당신을 속이려고 한다. 어떤 남자들은 자신들이 그렇게 하고 있다는 사실조차 인식하지 못한 채 버릇처럼 거짓말을 한다. 왜냐하면 그들은 너무 오랫동안 그렇게 해왔기 때문이다. 오랫동안 거짓말이 들통 나지 않고 넘어가다 보면 거짓말하기가 더 쉬워진다. 누군가가 그들에게 이의를 제기하기 전까지 그들은 자신이 한 거짓말의 파장을 알지 못할 것이다.

거짓말에도 강약이 있다

—

남자의 거짓말은 정도 차이에 따라 크게 심각한 거짓말과 악의 없는 거짓말로 나누어볼 수 있다. 심각한 거짓말은 상대에게 해를 끼치고 치명적인 배신감을 안겨준다. 악의 없는 거짓말 역시 나름의 방식으로 상대에게 상처가 될 수 있다.

심각한 거짓

"지금까지 진지한 연애는 서너 번 정도였어요."
"제 연봉은 3억입니다."
"말도 안돼요. 저는 미혼입니다!"

얼핏 보기에 이런 말들은 거짓말처럼 들리지 않는다. 실제로 수백만 명의 남자들이 싱글이고, 연봉이 3억인 남자들도 적지 않다. 또 일부일처제를 당연하게 여기는 남자들도 많기 때문이다.

하지만 만약 어떤 남자가 지금까지 진지한 연애 경험이 네 번 이상이었고 그 숫자를 대수로이 여기지 않는다면, 그의 연봉이 3억이 아니며 심지어 3억이었던 적조차 없었다면, 그가 유부남이라면 그가 한 거짓말들은 심각한 것이다.

보통 거짓말을 한 남자에 대한 당신의 인식이 완전히 바뀐다면 심각한 거짓으로 간주한다. 예를 들어 연봉 1억이 되지 않는 사람은 연봉 3억인 사람보다 더 나을 것도 나쁠 것도 없지만, 두 사람이 매우 다른 사람인 것만은 사실이다.

당신이 연봉 3억인 남자와의 결혼을 꿈꾸고 있다고 가정해보자. 남자가 당신에게 연봉을 속인 사실을 알게 되는 순간 당신의 모든 계획이 흐트러질 것이다. 어쩌면 당신은 결혼한 뒤 아이를 기르며 평범한 주부로 지내는 삶을 생각하고 있었을지도 모른다. 그것은 그의 실제 연봉으로는 거의 불가능하겠지만 그가 속인 연봉으로는 가능한 일이다.

이 거짓말은 당신이 그에 대해 완전히 다르게 인식하도록 만들었기 때문에 매우 심각한 것이다. 반면 거짓말을 한 사람에 대한 당신의 인식이 극적으로 바뀌지 않을 때는 상대적으로 악의 없는 것으로 간주한다.

악의 없는 거짓

"저는 페라리도 갖고 있죠."

"말도 안 돼요. 스무 살이 넘어서도 부모와 함께 사는 사람들을 이해할 수 없어요."

"저는 지난주에 유명 시트콤 촬영을 했습니다."

많은 남자들이 매일같이 특별한 악의나 어떤 의도 없이 거짓말을 한다. 우리는 자신이 소유한 것에 따라 평가되는 문화 속에서 살고 있다. 부자이거나 가난하거나, 유명하거나 유명하지 않거나. 그 중간은 찾아보기가 힘들다. 남자가 자신에게 만족하지 못하고 자신은 특별하지 않으며 심지어 여자들에게 매력 없는 남자라고 느낄 때, 그들은 자신을 특별하고 매력적인 존재로 만들고 싶어 한다.

악의 없는 거짓말을 하는 남자는 이렇게 생각한다. '뭐, 다들 하는데 내가 못할 게 뭐 있어?' 일부 여성들이 온라인 데이트 사이트의 프로필에 자신의 사진을 조금 수정해서 올리는 것처럼 몇몇 남자들도 자신의 연봉이나 키 등을 조금 부풀려 기재하는 것을 당연하게 여긴다.

남자가 자신의 실제 연봉인 7천만 원이 아닌 3억 원이라고 속이는 것은 왜 심각한 것일까, 하지만 그가 혼다를 타고 나타났을 때 "나는 페라리도 갖고 있다"라고 말하는 것이 왜 악의가 없는 것일까?

당신이 받아들이는 정도가 다르기 때문이다. 3억이라

는 것은 매우 구체적인 숫자이고 실제로 그 정도 연봉을 받는 사람들이 꽤 존재한다. 반면에 페라리를 모는 남자는 매우 적고 대부분의 여자들은 남자가 '내 다른 차는 페라리'라는 식의 말을 하면 농담을 하고 있거나 자신에게 좋은 인상을 주려는 것이라고 생각한다.

사실 두 거짓말 모두 치명적인 상처를 주는 악랄한 거짓말에 비하면 상대적으로 악의 없는 거짓말이다.

거짓말을 하는 네 가지 이유

—

모든 사람들이 거짓말을 하지만 이유는 각각 다르다. 남자들이 거짓말을 하는 것은 그들이 나쁜 사람이거나 당신을 속이기로 작정했기 때문만은 아니다. 어떤 남자들은 당신의 감정을 보호해주기 위해 거짓말을 한다. 남자가 거짓말하는 이유를 크게 네 가지로 나눌 수 있다.

자기방어 : 자존심과 이미지를 방어하기 위해

오랫동안 남자들은 가족을 부양하는 사람, 즉 우두머리이자 일벌, 또는 가족의 보호자가 되어야 한다고 생각했다. 하지만 요즘은 직장에서 남자들과 경쟁하며 일하는 여성들이 상당히 많고, 일터에서뿐만 아니라 전통적인 가족의 가치들도 도전을 받고 있다. 이런 상황에서 어떤 남자들은 자신이 설정한 성공 이미지의 결여에 위협을 느낀다.

이런 남자들에게는 억대 연봉도 성에 차지 않는다. 그들은 오로지 이기기 위해 일한다. 그리고 실패나 경제 침체가 자신들의 앞길을 가로 막을 때에도 이에 대해 반성하며 때를 기다리기보다는 고집스럽게 자신들이 만들어 낸 성공 이미지에 매달린다.

이런 부류의 남자들에게 속임수는 당신에게 상처를 주기 위한 것이 아니라 자존심과 자신이 만들어낸 이미지를 지키기 위한 것이다. 이들은 다른 사람들에게 특정한 이미지로 인식되기를 원한다. 예를 들어 자신의 분야에서 성공하고 물질적으로 넉넉한 남자, 창의적인 남자, 균형 잡힌 몸매와 잘생긴 외모를 소유한 남자, 감수성 있는 남자라는 이미지로 인식되길 원한다. 여기서 중요한 것은, 당신은 그들이 만들어낸 이미지에 쉽게 속아 넘어간다는 것이다. 당신의 질문에 대한 그들의 대답은 이미지를 뒷받침하기 위해 철저히 디자인된 것이다.

　이미지를 관리하는 남자들은 두 가지 이유로 거짓말을
한다.

자존심 방어 | 자존심이 강한 사람들은 그것을 지키기 위해
무슨 일이든 할 것이다. 이 경우에 남자들은 자신의 자존
심을 지키기 위해서 거짓말을 하기도 하지만 동시에 당신
을 속이기 위해 거짓말을 한다. 예를 들어 성공이나 돈으
로 자신의 존재를 정의하는 남자는 자신감을 잃어버렸을
때 자신의 차나 집, 직업, 소득 등에 대해 거짓말을 할 것
이다. 그는 당신에게 진실을 숨기며 잔뜩 뻥튀기한 거짓말
이 곧 현실이 될 거라고 장담한다. 심지어 자신의 거짓말
을 실제 상황처럼 믿거나 악의 없는 것이라고 생각할지도
모른다. 왜냐하면 지금 연봉은 몇 천 만원이지만 곧 다시
억대가 될 것이고 부모님의 집이 아닌 자신의 집에서 살
면서 좋은 차를 몰게 될 것이기 때문이다.

이미지 방어 | 자존심 방어는 자신의 정체성을 보호하는 것
이다. 정체성이란 자신이 이 지구상에 존재하는 목적이나
자신의 위치인 것이다. 반면 이미지 보호는 다른 사람들과
비교했을 때 자신의 상대적 위치나 자신이 설정한 어떤

목표를 보호하는 행위이다. 예를 들어 부유해 보이는 한 남자가 실제로는 부동산의 규모를 줄이고 있으면서도 당신에게 "새로운 땅을 구매했다"라고 거짓말을 하는 이유도 그에게 유지해야 할 특정 이미지가 있기 때문이다. 그가 부동산 업계에 있었거나 부동산 거품의 마지막 피해자일지라도 그는 불황에 대처할 준비가 되어 있지 않다. 그리고 그는 재정상태가 급속히 악화되고 있는 와중에도, 자신이 물질적으로 여유가 있는 부동산 중계업자라는 이미지를 쉽게 포기할 수가 없다. 이 경우 그의 거짓말은 당신에게 상처를 주기 위한 것이라기보다 좋은 인상을 주기 위한 것이다.

상대방에 대한 예의 : 여자의 기분은 그들에게도 중요하니까

우리는 '모든 거짓말은 나쁘다'라고 믿으며 자라왔다. 꼭 나쁜 것은 아닐지라도 적어도 상대방에게 상처를 주기 위한 것이라고 생각했다. 하지만 당신의 기분을 좋게 해주기 위해서 하는 거짓말도 있다는 것을 알고 있는가?

당신은 같이 일하는 남자 동료에게 이렇게 물은 적이 있을 것이다.

"제 새 원피스 어때요?"

그는 아마도 이렇게 대답할 것이다.

"아주 근사해요."

아부하려고 작정한 것이 아니더라도 말이다. 붐비는 레스토랑에서 데이트 상대에게 이렇게 물어보라.

"헤어스타일을 좀 바꿨는데 저와 잘 어울려요?"

그는 바로 이렇게 대답할지도 모른다.

"네."

실제로 그렇게 생각하지 않더라도 말이다.

당신의 새 원피스가 근사하지 않다거나 헤어스타일이 멋지지 않다는 것이 아니다. 대부분의 남자들은 원피스가 너무 우스꽝스럽거나 당신의 이미지에 해가 될 정도가 아니라면, 헤어스타일이 너무 충격적이어서 아침에 현관을 나설 때 새들의 공격을 받을 정도가 아니라면, "그래" "멋져" "환상적이야" "최고야"라고 말해야 한다고 생각한다. 이런 비슷한 질문을 받았을 때 상대를 기쁘게 만드는 뭔가 과장된 표현을 해야 한다고 말이다.

이것은 거짓말일까? 엄격히 말하면 그렇다. 남자는 당신의 새 원피스가 별로 마음에 들지 않지만 당신의 기분을 상하지 않게 하기 위해서 거짓말을 하는 것이다.

자신의 사생활 보호 : 남자에게도 숨기고 싶은 비밀이 있다

"연봉이 얼마나 되나요?"

"요즘 성생활은 어때요?"

"당신은 어떤 차를 몰아요?"

자, 솔직히 이것은 소개팅에 나온 남자나 첫 번째 데이트를 하는 남자에게 묻기에는 꽤 사적인 질문이다. 어떤 남자들은 이런 질문에 숨길 게 없다는 듯 당당하게 대답하기도 한다. 하지만 대부분 남자들은 이런 질문에 주저한다. 그들은 이것을 일상적인 대화로 여기지 않고 취조나 수사에 가깝다고 생각해 기분 나쁘게 받아들인다.

이런 남자들은 "이봐요, 그건 사적인 일입니다" "당신이 알 바 아니죠"라고 말하기보다는 자신의 사생활을 보호하기 위해서 당신을 속일 것이다. 그들은 그 질문들을 피하지 않고 기꺼이 받아들이는 대신 거짓말로 대답할 것이다.

예를 들어 자신의 사생활을 중요시 여기는 남자에게 얼마나 버느냐고 묻는다고 해보자. 실제 연봉이 5천만 원임에도 불구하고 그는 "1억 원쯤이요"라고 거짓말할 수 있을 것이다. 반대로 그보다 몇 배나 더 많이 벌고 있음에도 불구하고 연봉이 "1억 원대"라고 뭉뚱그려 말할 수도 있다. 그는 상대방이 돈보다 자신을 진심으로 좋아해주길 바라는 것이다. 자신이 소유한 차가 어떤 것인지 말하지 않거나 뭉뚱그려 말하는 것은 자리를 잠시 비운 사이에 어떤 차를 몰고 다니는지 당신이 확인하는 것을 원치 않기 때문이다. 이런 성향의 남자들은 엄청난 속도로 여자들을 갈아치웠을지라도 "저는 한동안 진지한 연애를 해본 적이 없어요"라고 거짓말을 할 것이다.

이러한 경우 자존심 방어나 이미지 방어의 경우에서처럼 자신을 더 나아 보이게 하기 위해 거짓말을 하는 것은 아니다. 남자들은 사적인 영역을 지키기 위해서도 거짓말을 한다.

우리는 그 어느 때보다도 자기 주변에 벽을 쌓고 사생활을 중시하는 시대에 살고 있다. 어렸을 때부터 여성들은 충분히 신뢰하기 전까지 낯선 남자에게 주소나 전화번호를 알려주지 않도록 교육받는다. 또 남자와 너무 빨리 가까워지지 말고 일정한 거리를 유지하며 자신 만의 은밀한 영역을 남겨두라고 배운다. 그와 마찬가지로 자기 주변에 벽을 쌓고 사생활을 보호하는 남자들도 많아지고 있다. 그들은 데이트에서 몇 가지 민감한 질문에 대한 대답을 얼버무리거나 심지어 면접에 가서도 그와 같은 행동을 한다.

상습적인 거짓말쟁이니까

남자가 거짓말을 하는 네 번째 이유는 단순히 당신을 속이기 위해서이다. 이것은 다른 말이 필요 없는 노골적인 사기다. 악의가 있든 없든 이런 종류의 거짓말은 '명백한 거짓말'이다.

예를 들어 어떤 유부남이 이렇게 말했다고 가정해보자.

"네? 약지에 있는 반지 자국이요? 아, 지난주에 상처가 나서 반창고를 계속 붙이고 다녔더니 이렇게 됐네요. 하루 종일 야외작업을 했거든요."

이것은 누락도 오류도 아니다. 악의 없는 실수와는 거리가 먼 명백한 거짓말을 하는 것이다. 당신이 그의 거짓말을 더 빨리 포착할수록 당신은 그와 데이트하느라 낭비하는 시간을 절약할 수 있다.

소개팅에서 만난 남자가 MBA학위를 가지고 있다고 말한 적은 없는가? 그가 상습적인 거짓말쟁이라면 몇 학기를 더 이수해야 졸업할 수 있음에도 불구하고 MBA를 따기 직전이라고 말하거나 이미 MBA학위를 갖고 있다고 부풀려 말할 가능성이 높다.

자동차 수리공이 당신에게 이렇게 말한 적이 있는가?

"브레이크를 전부 다 갈아야 해요. 총 1700달러가 들

겁니다."

실제로 당신에게 필요한 것은 부품비와 설치비를 포함해서 120달러면 되는 브레이크 패드이다.

남자들은 다양한 이유로 거짓말을 하지만 부정할 수 없는 것은 이유가 무엇이든 '거짓말을 했다'는 사실이다. 네 가지 이유 중 가장 최악의 거짓말은 당신을 속이기 위한 거짓말이다.

TiP

남자가 언제 거짓말을 했는가보다 어떤 종류의 거짓말을 했는가를 아는 것이 더 중요하다. 누락과 오류의 차이를 잘 구별할 수 있게 되면 거짓말의 강약 역시 쉽게 잡아낼 수 있을 것이다.

- 화요일 오후 : 알렌은 쇼핑몰에서 전 여자 친구를 우연히 만난 사실을 숨겼다. : 누락, 심각한 거짓말

- 목요일 밤 : 알렌은 나에게 토요일 밤에 콘서트를 보러 간다고 며칠 전에 말한 사실을 잊어버리고 어머니의 생일파티에 간다고 말했다. : 오류, 심각한 거짓말

- 토요일 아침 : 알렌은 우리 집으로 오는 길에 떼인 과속 딱지에 대해 아무 말도 하지 않았다. : 누락, 악의 없는 거짓말

3.

남자의 진실을
애써 찾지 마라

． ． ．

어떤 영화를 보기도 전에 당신의 마음에 들 거라고 확신하며 들뜬 마음으로 영화관으로 향한 적이 있는가? 어쩌면 당신은 그 영화감독의 엄청난 팬이어서 그가 찍은 영화를 모두 좋아하고 감독으로서의 재능을 진심으로 존경하고 있을지도 모른다. 또는 주연배우에게 반해서일지도 모른다. 그의 작품을 모두 보았고 그의 연기가 실망스럽지 않으리라는 것을 알고 있기 때문이다. 어쩌면 당신이 가장 좋아하는 책을 원작으로 한 영화일 수도 있다. 또는 당신이 영국식 추리물에 빠져 있는데 이 영화가 그러한 요소를 모두 갖추고 있을 수도 있다.

한 마디로 당신에게는 이 영화를 좋아할 만한 독특한 취향이 있는 것이다. 그래서 감독이나 배우, 원작, 장르 등 이유가 무엇이든 영화에 대한 당신의 사랑이 격렬하게 발동되는 것이다. 비평가들이 무슨 말을 하든 신경 쓰지 않고 그 영화가 감독의 가장 형편없는 작품이라는 사실도 잊는다. 주연배우의 영국식 발음이 어색하다는 점도 대수로이 여기지 않는다. 원작을 제대로 표현하지 못했거나 영국식 추리물과 거리가 멀다는 것도 마음에 담아두지 않는다. 당신은 영화를 보기 전과 마찬가지로 뭉클한 가슴을 끌어안고 극장을 떠날 가능성이 높다.

남자의 말을 곧이곧대로 믿지 마라

—

왜 당신은 영화가 형편없음에도 불구하고 보기 전과 마찬가지로 흡족한 마음을 유지한 채 극장을 떠날까? 보기도 전에 좋아하게 될 거라는 선입견을 가졌기 때문에 당신은 객관적 판단의 여지를 남겨두지 않았고, 영화의 가치에 따라 점수를 매기지도 않았다. 주연배우의 연기를 비판하거나 영화를 객관적으로 분석하지도 않았다. 당신은 그저 극장에 앉아 즐기기만 했을 뿐이다.

여성들이여, 환상을 깨기는 싫지만 이것이 바로 당신이 남자와 함께 있을 때 하는 행동이다. 당신은 그가 말하는 것을 곧이곧대로 믿는 경향이 있다. 그리고 열심히 그의 진실한 행동을 찾는다. 왜냐하면 그것이 당신이 원하는 것이기 때문이다. 당신이 진실을 말하기 때문에 그도 그럴 거라고 믿는다. 당신은 그에 대한 선입견을 가지고 그의 모든 말과 행동을 당신의 '틀' 안에 가두는 것이다.

남자를 내 멋대로 해석하지 마라

여자들이 속는 가장 큰 이유는 남자들의 진실한 행동을 찾느라 거짓된 행동의 분명한 징후를 놓치기 때문이다.

만약 당신의 아버지가 결코 거짓말을 하지 않는다고 생각한다면 당신은 아버지와 '정직한 남자'의 이미지를 연관시킬 것이다. 그리고 자연스럽게 아버지의 모든 말을 정직한 남자라는 틀 안에 넣고 그의 행동 역시 진실하다고 판단할 것이다.

틀 안에 넣고 판단하는 것은 자신도 모르게 하는 행동이다. 그것은 우리가 갖고 있는 무의식적 편견의 일부인 것이다. 어떤 부류의 사람, 어떤 집단에 대한 선입견은 우리의 판단에 영향을 주고 이유 없이 누군가를 불신하거나, 반대로 맹목적으로 믿게 만든다. 이것을 '틀에 가두기'라고 부르는 이유는 당신이 만들어낸 폐쇄된 작은 공간에서만 그들이 존재하도록 만들기 때문이다. 그들은 틀 밖의 실제 세계에서는 존재하지 않는다. 틀 안에서만 모든 행동이 존재한다.

불행히도 그 틀을 만든 이는 앞으로 당신을 속일 누군가가 아니라 바로 당신이다. 상대방이 말하는 모든 것은 당신이 만들어낸 틀 안에서 관찰되고 이를 통해 걸러지며 그 안에서만 존재한다. 이는 모든 사람들이 싫어하는데도 불구하고 당신 혼자만 사랑하는 '영화'와 비슷하다. 당신은 선입견을 가지고 그 영화를 틀 안에 집어넣어 버렸다. 당신이 그 영화를 좋아하는 것을 누구도 막지 못할 정도로 말이다.

대상이 남자일 경우에도 마찬가지다. 당신이 그의 실제 말과 행동을 관찰하는 것이 아니라 선입견을 통해 그의 모든 신호를 해석한다면 당신은 그것이 실제로 존재하든 아니든 진실한 행동을 찾을 수 없을 것이다.

진실한 행동의 함정

당신이 남자를 만나서 진실한 행동을 찾는다면 그것은 남자를 도와주는 것이나 마찬가지다. 이는 남자들이 당신을 속이는 데 필요한 공식의 절반을 거저 주는 셈이기도 하다. 만일 그가 거짓말에 능숙한 사람이라면 나머지 절반 역시 쉽게 찾을 수 있을 것이다.

당신이 그의 진실한 행동을 찾고 있기 때문에 그는 당

신을 속이기 위해 절반만 노력하면 된다! 그는 살면서 진실한 행동을 가장하는 법을 배웠기 때문에 진실한 행동을 찾는 당신에게 진심인 척 행동할 것이다.

물론 남자가 거짓말을 한 상대는 당신이 처음은 아닐 것이다. 실제로 거짓말에 능숙한 사람은 오랜 시간에 걸쳐 많은 여자들을 속여본 사람이다. 그는 데이트에 나갈 때마다 특정 이야기를 계속해서 반복하고, 진짜처럼 들릴 때까지 그 이야기를 완벽하게 가다듬는다. 연습이 완벽함을 만드는 것이다.

남자는 이야기를 어떻게 완성할까? 남자는 이야기를 꺼낼 때마다 여자의 반응을 주의 깊게 살핀다. 그가 자신의 요트에 대해서 자랑하면서 유명 인사들과 함께 시간을 보냈다고 말하면 여자는 그에게 의심의 눈초리를 보낼 것이다. 그는 즉시 자신이 너무 부풀렸다는 것을 알게 된다. 그리고 즉시 다른 이야기를 지어내기 시작한다.

이미 뱉은 말을 주워 담을 수도 없고 거짓말한 사실이 들통났을 가능성도 높다. 하지만 다음번에 조지 클루니나 콜린 패럴의 이름을 언급하는 대신에 어쩌면 그는 폴리 쇼어 같은 좀더 그럴듯한(덜 유명한) 이름을 언급할지도 모른다. 그 역시 유명인이고 들어본 이름이지만 중요한 것은 그와 훨씬 더 친분이 있을 법한 이름인 것이다.

유명인사의 이름 같은 세부사항은 남자에게 재산이다. 그가 기억해야 할 세부사항이 적을수록 좀더 있음직하고, 그의 이야기가 일관될수록 들킬 가능성은 적어진다. 그래서 그는 요트의 크기를 줄이는 대신에 이야기를 일관되게 밀고 나간다.

이제 그가 만들어낸 이야기에 등장하는 요트의 크기, 등장하는 유명인사도 매번 같다. 요트의 이국적인 목적지도, 고급 꿩고기 요리와 고가의 샴페인도 매번 등장한다. 최고의 거짓말쟁이들은 그럴듯한 이야기의 발명가처럼 여자들이 믿은 것은 반복해서 사용하고 그들이 믿지 않는 것은 다른 것으로 대체한다.

일단 그가 이야기를 완벽하게 만들고 나면 언제 어떻게 이야기해야 할지, 어떤 것을 강조해야 할지, 언제 물러서야 할지를 알게 된다. 또 그는 진실한 행동을 가장하기 위해서 감정을 흉내 내는 전문 연기자가 된다.

심리학자들이나 토크쇼 진행자, 의사, 베스트셀러 작가들이 '진실한 행동의 징후'라고 말하는 것들을 열심히 연구하거나 효과적으로 연습한다면 누구나 진실을 가장할 수 있다. 이것은 꽤 쉬운 일이다.

당신은 이 뻔뻔한 행동을 어떻게 피해갈 것인가? 간단하다. 남자의 진실한 행동 찾기를 중단하면 된다. 그렇다면 진실한 행동은 무엇일까? 진실한 행동에는 기본적으로 네 가지가 있다.

- 진심
- 눈 맞춤
- 언어와 비언어적 표현의 일치
- 단순한 대답

진심은 가장하기 쉽다

전 미국 대통령 빌 클린턴이 텔레비전에 나와 "르윈스키와 자지 않았다"라고 거짓말을 했을 때 사람들은 그것을 믿었다. 적어도 얼마간은. 왜냐하면 클린턴은 진심을 완벽히 가장하는 법을 배웠기 때문이다. 그는 진심을 가장하는 데 귀재였기 때문에 우리는 아무런 의심 없이 그를 믿었다. 증거가 나와 그의 거짓말을 증명했을 때에서야 비로소 우리는 그에게 속았다는 것을 인정했다.

클린턴뿐만 아니라 언변이 뛰어난 사기꾼들이 증명하듯 진심은 실제로 가장하기 쉽다. 특히 당신이 그 남자의 진심을 찾고 있을 때 더욱 그러하다.

진심의 유의어에는 '순수' '정직' '천진함' '진정성' '진지함' 등이 있다. 다시 말해서 누군가가 상대를 속일 때와 반대 상태인 것이다. 불행히도 인간의 감정 중 꾸미기 가장 쉬운 것이 '진심'이다. 우리는 여러 가지 표현과 태도, 자세를 통해 진심을 인식하기 때문이다. 거짓말하는 남자들은 이 점을 이용해 그들의 말과 행동이 진심으로 보이게끔 완벽히 연습한다.

많은 사람들이 자연스런 웃음에 속지만 실제로 웃음에는 두 종류가 있다. 진짜 웃음과 거짓 웃음이다. 진짜 웃음은 코와 볼을 지나 눈을 밝히고 눈가에 주름을 만든다. 반대로 거짓 웃음은 눈에 도달하지 않고 코쯤에서 멈춘다. 거짓말을 하는 남자는 당신의 감정을 자극하기 위해 웃는다. 예를 들어 '그가 행복해하는 것을 보니 일이 잘 되겠는데' 또는는 '오, 그가 웃고 있는 걸 보니 내가 마음에 드는구나'처럼 당신이 더 편안하게 느낄 수 있도록 행동할 것이다. 그 순간 당신은 그의 거짓 징후를 무시할 가능성이 높다.

감정은 진심일 수도 있고 거짓일 수도 있다. 예를 들어 당신이 키우던 고양이가 죽었다고 그에게 말했을 때, 훈련된 거짓말쟁이는 이것을 기회로 볼 것이다. 그는 즉시 진심인 척 말할 것이다.

"오, 가엾어라. 여기 계속 계셔도 괜찮아요? 집에 가서 혼자 있고 싶으신 건 아니에요?"

진심인 남자도 똑같은 말을 할지도 모른다. 하지만 그는 거기서 끝내지 않을 것이다. 그는 고양이에 대한 가장 좋은 기억이 뭐냐고 물으며 어린 시절 자신의 애완동물이 죽었던 경험을 들려줄지도 모른다. 그는 슬픔을 함께 나누며 그날의 데이트를 짧게 마무리할 것이다.

남자가 진심을 가장할 때 여자들은 매우 혼란스럽다. 왜냐하면 당신이 그의 진실과 거짓을 구분할 수 없을 정도로 능숙한 경우가 많기 때문이다. 진실을 알아볼 수 있는 한 가지 방법은 진심에는 마무리가 있다는 것이다. 진심인 사람은 당신의 죽은 고양이나 친구와의 싸움처럼 당신이 갖고 있는 어떤 문제에 대해 그저 입으로만 떠들지 않고 당신의 이야기를 침착하게 들어줄 것이다. 그는 다른 주제로 넘어가기 위한 가식적인 말이 아닌 정말로 위로가 되는 말을 건넬 것이다.

반면 진심이 아닌 남자는 인간의 진실한 감정에 어떻게 반응해야 하는지 모른다. 그래서 그는 가능한 빨리 당신을 그 감정에서 벗어나게 하려고만 한다. 그가 당신을 진심으로 걱정하는 것이 아니기 때문에 끝까지 함께 할 수가 없다. 그것이 당신에게 왜 그렇게 중요한지 이해하지 못할 뿐더러 또 그에게는 별로 중요하지 않은 문제이기 때문이다.

마지막으로 자세는 진심을 가장하는 간단한 방법이 될 수 있다. 예를 들어 당신이 말할 때 그가 당신 쪽으로 몸을 기울인다면 그것은 그가 당신의 이야기를 듣고 있으며 관심을 갖고 있다는 점을 보여준다. 그가 사려 깊게 당신의 의자를 빼주고 음식을 당신 쪽으로 건네주는 등의 행동을 하는 경우에도 마찬가지다.

반드시 그가 진심이 아니었다는 뜻은 아니다. 그저 거짓말쟁이가 얼마나 자연스럽고 간단하게 진심을 가장할 수 있는지 설명하려는 것이다. 많은 남자들이 진심으로 보이게끔 꾸미는 자세를 습관화하며 자라왔다는 점을 기억하길 바란다.

눈 맞춤은 눈싸움이 아니다

진심을 나타내는 가장 대표적인 행동은 바로 '눈 맞춤'이다. 하지만 거짓말쟁이들은 눈 맞춤을 눈싸움으로 오해하는 경우가 많다. 나는 눈 맞춤이 얼마나 쉬운 일인지 경험상 잘 알고 있다. CIA 훈련 초반에 눈 맞춤에 대해 배운 뒤 나는 눈을 맞추지 않고 누군가와 대화하는 일이 거의 없었다. 내가 사람들과 대화를 나눌 때 그들이 내가 진심이 아니라고 생각하는 것을 원치 않았기 때문이다.

눈 맞춤은 진심을 전달하는 가장 쉬운 방법이다. 거짓말쟁이들도 여자들이 눈 맞춤을 중요하게 생각한다는 것을 알고 있다. 데이트에 관한 책들을 보면 하나 같이 '남자가 자신의 눈을 똑바로 보는지 보라'고 말한다.

하지만 두 사람이 쉬지 않고 강렬한 눈 맞춤을 하고 있다는 것은 불편한 일이다. 마치 눈싸움과 같다. 진심 어린 대화, 진정한 소통은 자연스럽게 보이고 느껴져야 한다. 그것은 억지로 연습하거나 세심하게 연출한다고 해서 되는 것이 아니다.

대부분의 사람들은 잠깐씩 다른 곳을 바라본다. 당신을 속이기 위해서가 아니라 그것이 자연스럽기 때문이다. 저쪽에서 그들의 시선을 잡는 무언가가 있을 수도 있고 종업원이 음료를 들고 다가오는 모습을 볼 수도 있다. 또 자신이 상대를 너무 쳐다봤다고 느껴서일 수도 있다.

거짓말쟁이들은 자연스럽게 다른 곳을 바라봐야 할 때가 언제인지 모른다. 그들은 눈 맞춤이 진심을 전달하는 방법이기 때문에 자신이 항상 그렇게 해야 한다고 생각한다. 그로 인해 상대가 어떻게 느낄지는 상관하지 않는다.

적절한 눈 맞춤과 부적절한 눈 맞춤의 시간은 얼마나 될까? 일반적으로 적절한 눈 맞춤은 7초간 지속했다가 3초간 쉬는 것이다. 보통 눈 맞춤이 불편하지 않고 자연스럽게 느껴지는 시간이 7초 정도이다.

우리는 보통 상대방의 눈을 7초 정도 쳐다보고 3초간 다른 곳을 보거나 눈을 깜빡인다. 그렇다고 정확한 시간을 재기 위해 초시계가 필요하다거나 마음속으로 시간을 재라는 것은 아니다. 이런 정상적인 눈 맞춤은 시간이 지남에 따라 자연스럽게 익히게 되는 것이다.

언어와 비언어적 표현의 일치

'언어와 비언어적 표현의 일치'는 말과 태도가 일치해야 한다는 뜻이다. 이것은 언어와 육체적 표현이 얼마나 자연스러운가를 따져보는 것이다. 만약 한 남자가 편안하다고 말하면서 주먹을 꼭 쥐고 있다면, 이것은 언어와 행동 사이의 불일치다.

진심으로 "아니오"라고 말할 때 당신은 자연스럽게 머리를 좌우로 흔든다. 반대로 진심으로 "네"라고 말할 때 당신은 고개를 끄덕인다. 하지만 거짓말을 하는 사람들은 "아니오"라고 말해놓고 무의식적으로 고개를 끄덕이기도 한다.

당신이 한 남자에게 "이번 주에 다른 소개팅 계획 있어요?"라고 물었다고 가정해보자. 그가 즉시 "아니오"라고 말하면서 살짝 고개를 끄덕였다면 이것은 언어와 행동의 불일치이다. 진실한 행동은 언어와 비언어적 표현의 일치를 동반한다. "네"에 일치하는 비언어적 표현은 끄덕임이고 "아니오"에 일치하는 것은 고개 젓기이다. 그 반대로는 등식이 성립하지 않는다.

단순한 질문에는 단순한 대답

단순한 질문을 했을 때 상대가 너무 많은 정보를 담아 길게 대답을 한다면 당신의 머릿속에서 경고음이 울려야 한다. 정직한 사람들은 진실함과 단순함으로 반응한다.

거짓말 탐지기 검사에서 우리는 모든 질문에 대한 답으로 '네' 또는 '아니오'로만 대답할 수 있도록 만든다. 대답의 정직성을 보장하기 위해서는 단순한 답변을 요하는 질문으로 시작해야 한다. 내가 당신을 전문 수사관으로 만들려는 게 아님을 기억하기 바란다.

"사실만 말해주시죠."

이런 말로 당신의 즐거운 데이트를 범죄 수사물의 한 장면으로 만들려는 것도 아니다.

남자들은 성격도 질문에 대한 반응도 제각각이다. 어떤 남자들은 10초짜리 질문에 긴장한 목소리로 10분 동안 재잘거리기도 하고 숨을 헐떡이며 대답하기도 한다. 남자가 소개팅이나 첫 번째 데이트에 나와서 처음 몇 분간 큰 소리로 말하거나 더듬거나 중얼거리거나 장황한 설명을 펼치는 데는 많은 이유가 있다.

하지만 둘이 함께 몇 분을 보내면 긴장이 풀어지고 마음이 훨씬 진정되어 정상상태가 된다. 바로 그때, 남자가 자연스러울 때 어떻게 반응하는지를 알 수 있다.

따라서 남자를 만날 때 상대의 속을 캐보는 질문들은 적어도 데이트를 시작한 지 10~15분 정도 지나기 전까지는 절대 꺼내지 말아야 한다. 물론 이것은 정신없는 파티나 스피드 데이트에서는 불가능할 수도 있다. 두 경우 모두 누군가를 정말로 알아가기에는 이상적인 상황이 아닌 것도 사실이다.

어쨌든 당신이 단순한 질문을 했을 때는 단순한 대답을 기대해야 한다. 단순한 대답은 단도직입적이고 아무 고민

없이 튀어나오는 대답이다.

"최근에 재미있게 본 영화 있어요?"

대부분의 남자들은 얼굴이 환해지며 이런 대답을 할 것이다.

"당신이 어떤 영화를 좋아하는지는 모르겠지만, 저는 트랜스포머 신작이 정말 괜찮더라고요. 만약 이런 영화를 좋아하신다면 당신과 함께 다시 보고 싶네요."

이것은 '네' '아니오' 단답형 대답과는 거리가 멀지만, 명쾌한 대답이다.

- 트랜스포머 신작(간단함)

- 정말 괜찮다(단도직입)

- 이런 영화를 좋아하신다면(분명함)

- 당신과 함께 다시 보고 싶다(솔직함)

이제 거짓말을 하는 남자에게 같은 질문을 해보자.

"최근에 재미있게 본 영화 있어요?"

대답은 꽤 다를 수 있다.

"아니요. 요즘 괜찮은 영화가 없네요. 전에 사귀었던 여자 친구랑 영화를 많이 보곤 했지요. 몇 달 전에 헤어지긴

했지만 그녀는 지금도 가끔씩 전화해서 영화를 보러가자고 해요. 한동안 연락을 안 하다가 지난주에도 갑자기 전화를 하더니 트랜스포머 신작을 보러가자고 하더라고요. 저는 우린 헤어진 상태고 같이 영화를 보러 갈 수는 없다고 했죠……."

당신이 전문 수사관이 아니더라도 이 대답에 뭔가 불길한 데가 있다는 것을 감지할 수 있을 것이다. 내 말은 이것은 영화에 대한 답변이 아니라는 것이다. 이것은 아직까지도 끝나지 않은 것 같은 과거의 연애에 대한 대답이다. 실제로 이 남자는 매우 방어적으로 보인다.

분명히 해둘 것은 장황한 대답을 늘어놓는 사람이 모두 거짓말을 하고 있다는 뜻은 아니라는 것이다. 어떤 사람들은 그저 말하는 것을 좋아하거나 실제로 할 말이 많을지도 모른다. 하지만 당신은 단순한 질문에 대한 간단한 대답을 기대하며 경계를 늦추지 말아야 한다.

진실, 가장 쉬운 거짓말

그럼 이제 우리가 지금까지 살펴본 것을 다시 짚어보자.

모든 사람들은 거짓말을 한다. 우리는 사람들과 대화를 나눌 때 선입견 때문에 그들에게 동등한 기회를 주지 않는다. 우리는 남자의 진실한 행동을 찾는 경향이 있는데 이것은 그의 거짓말을 알아보는 데 불필요한 행동이다. 우리가 남자의 진실한 행동을 찾지 말아야 하는 가장 큰 이유는 진심은 가장하기 쉽기 때문이다.

Tip

1. 진심은 가장하기 쉽다. 남자의 진심을 찾지 마라.

2. 일반적으로 적절한 눈 맞춤은 7초간 지속했다가 3초간 쉬는 것이다. 거짓말쟁이들은 자연스럽게 다른 곳을 바라봐야 할 때가 언제인지 모른다.

3. 남자의 말과 행동이 일치하는지, 언어와 육체적 표현이 얼마나 자연스러운지 따져보라.

4. 단순한 질문을 했을 때는 단순한 대답이 나와야 한다.

5. 남자를 만날 때 상대의 속을 캐보는 질문은 만난 지 10~15분 뒤에 해야 한다.

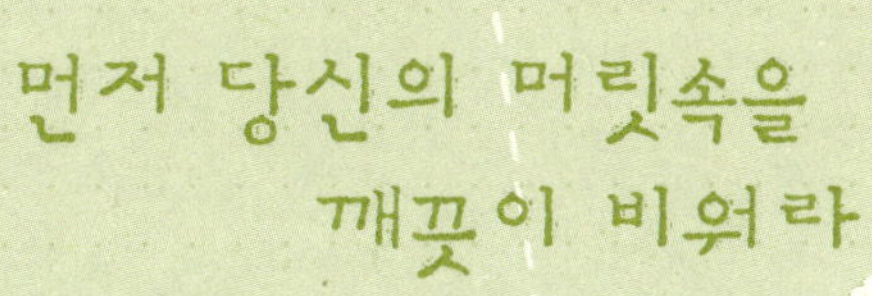

먼저 당신의 머릿속을 깨끗이 비워라

・・・

내가 CIA에서 일했던 것을 알게 된 사람들은 매일 근무시간이 끝난 뒤에 어떻게 일을 잊을 수 있는지 궁금해 하는 경우가 많았다. 그들은 내가 CIA에서 일했기 때문에 만나는 모든 사람들을 의식적으로든 무의식적으로든 항상 심문하고 다닐 거라고 생각한다. 사실 거짓말쟁이를 찾아내는 전도유망한 'CIA 요원'에서 아내와 저녁을 먹거나 친구들과 골프를 치는 '평범한 사람'으로 돌아오는 것이 쉽지는 않았다.

인간의 거짓에 대해 이해하면 언제 어디서나 거짓이 쉽게 보인다. 가족이나 친구들이 악의 없이 하는 일상적인 거짓말조차도 말이다. 보통 우리는 그들의 악의 없는 거짓을 보고도 눈감아 주는 경우가 많다. 그들과 친분이 두터운 사이거나 상대방에게 호감을 갖고 있기 때문이다. 또 우리는 무의식적으로 특정한 사람들에게 선입견을 갖고 있다. 그 선입견에 따라 그들을 판단하고 그들의 말과 행동을 분석한다.

이번 장에서는 남자의 거짓말을 알아보는 데 절실히 필요한 기술을 하나 살펴볼 것이다. 당신의 무의식을 '리셋reset(재설정)'하여 당신의 머릿속에 깊이 새겨진 선입견을 버리고 장애물 없이 상대를 바라보는 기술이다. 다행히도 당신은 이 기술을 사용하는 데 필요한 두 가지 장비를 이미 갖추고 있다. 바로 당신의 눈과 귀다.

이 책은 모든 남자들을 비난하거나 의심하기 위해 만들어진 것이 아니다. 내가 강조하고 싶은 점은, 거짓을 찾아야 할 때와 긴장을 풀고 순간순간을 즐길 때를 구분하라는 것이다. 세상에는 당신을 속일 생각조차 하지 않고 당신과 함께 만족스럽고 낭만적으로 살고픈 남자들이 더 많다.

편견 없애기

—

본격적으로 시작하기 전에 마음을 '리셋'하고 장애물 없이 사람들과 소통하는 것이 왜 중요한지 이야기하고 싶다.

장애물이란 무엇인가?

그것은 상대방이 입을 열기도 전에 그 사람에 대해 갖는 고정적인 관점, 즉 선입견이나 편견이다.

우리는 성별, 키, 인종, 연봉, 직업, 출신 지역 등 다양한 요소들을 조합하여 상대방을 정의한다. 이 과정에서 우리는 몇 초 안에 편견을 갖게 된다. 편견은 우리가 어떤 집단의 사람들을 특정한 방식으로 행동하는 존재로 일반화하는 것이다. 당신은 이 문장을 완성해보기 바란다.

"모든 남자는 _______________________."

빈칸에 같은 내용을 쓴 독자가 꽤 될 것이라고 생각한다. 답변이 무엇인지는 중요하지 않다. 단지 그것이 자동적으로 떠올랐다는 게 중요하다. 이러한 즉각적이고 순간적인 반응은 편견의 한 면일 뿐이다. 그동안 우리는 '남자'라는 집단을 분류하고 특징짓기 위해 그들에 대해 곰곰이 생각해보지 않았다.

우리는 이러한 편견이 항상 옳은 것은 아니라는 사실을 알고 있다. 하지만 편견은 우리의 마음속에 너무 깊이 각인되어 있어서 남자와 대화할 때 영향을 미친다. 우리는 종종 한 집단을 편견이라는 틀 안에 집어넣어 개개인의 말과 행동을 무시한 채 전체를 평가하는 경향이 있다.

예를 들어 당신이 위의 빈칸에 '모든 남자는 지저분하다'라고 채워 넣었다면, 이것은 당신이 만나는 모든 남자들에 대한 인식을 바꾸어놓을 것이다. 그 편견에 반하는 증거가 있더라도 말이다. 당신이 한 남자의 사무실로 들어갔는데 그의 책상 위에 종이들이 너저분하게 널려 있다면 당신은 즉시 '이 남자는 지저분하고 정리도 못하는군'이라고 생각할 것이다. 이것은 '모든 남자들이 지저분하다'는 생각에 힘을 실어줄 또 다른 증거에 불과한 것이다.

당신이 그에게 무슨 일을 하고 있었냐고 물으면 그는

마감이 코앞인 중요한 프로젝트를 하고 있다며 평소에는 책상이 이렇지 않다고 말할 것이다. 대답이 얼마나 논리적인가에 상관없이 당신은 편견을 가지게 된다.

의심의 여지없이 당신은 그의 말을 믿지 않을 것이다. 왜냐하면 당신의 머릿속은 이미 '모든 남자는 지저분하다'고 인식하도록 프로그램화 되어 있기 때문이다. 그가 어떤 말을 하는지는 중요하지 않다. 당신은 이 남자를 제대로 알기도 전에 선입견을 갖게 된 것이다.

이번엔 이 문장을 완성해보자.

"모든 여자는 _________________________."

'모든 여자는 동시에 여러 가지 일을 할 수 있다'라고 문장을 완성했다고 해보자. 책상 위가 지저분한 여자의 사무실에 들어갔을 때 당신은 즉시 그 장면을 편견의 틀 안에 집어넣을 것이다. '음, 이 여자는 매우 바쁜가 봐' 또는 '서류를 정리하는 중인가 보네'라고 생각할 것이다.

당신이 그녀에게 무엇을 하고 있었냐고 물으면 그녀는 중요한 프로젝트 작업을 하고 있었다고 말할 것이다. 다른 의문의 여지 없이 당신의 편견을 바탕으로 그 대답을 판단할 것이다.

'과도한 업무에 지친 여성이 마감을 코앞에 두고 있군.'

두 상황에서 당신의 편견은 상대의 대답을 신뢰하는 데 직접적인 영향을 미친다. 당신이 상대방의 거짓말을 반 이상 가려낼 수 있으려면 편견과 싸워야 한다. 모든 사람들에게 공평한 기회를 줄 필요가 있는 것이다.

한 개인의 과거 또는 특정 집단의 사람들(성별, 외적인 조건 등)에 대해 당신이 어떤 편견을 가지고 있는가에 상관없이 당신은 정신 차리고 눈과 귀를 리셋하여 공정한 관점에서 보고 들어야 한다. 이 사실을 절대 잊지 말아라.

정신 차려라!

―

어처구니가 없는 자신의 행동을 가까운 이에게 털어놓은 적이 있는가? 그리고 그들이 당신에게 믿을 수 없다는 눈빛을 보내며 '정신 차려!'라고 말한 적이 있는가? 이유가 무엇이든 누군가가 당신에게 '정신 차려'라고 말한 것은 그들이 당신의 말 뒤에 숨은 진실을 보았기 때문이다.

남자친구가 직장이 없는 이유와 계속 돈을 빌려가는 이

유에 대해 그가 너무 잘나서라고 옹호한 적이 있는가? 남자친구가 전화를 받을 때마다 밖에 나가서 받는 이유를 그가 국제 아트 딜러라서 부유한 고객들에게 자신의 웃음소리가 들려서는 안 되기 때문이라고 말한 적은 없는가?

'정신 차려!'는 중고차 판매인이 당신에게 낡아빠진 고물차가 얌전한 중년 부인이 타던 것이라고 말할 때 마음속으로 하는 말이다. '정신 차려!'는 립스틱이 잔뜩 묻은 옷을 입고 창문으로 몰래 들어오는 남자친구가 길 건너 사는 노인을 도와주기 위해 늦게까지 밖에 있었다고 말할 때 마음속으로 하는 말이다.

그렇다면 남자가 당신을 속이고 있다는 의심이 들 때 스스로에게 뭐라고 말하는가? 당신이 본능적으로 남자의 거짓말을 대수롭지 않게 여기려고 할 때 스스로에게 뭐라고 말하는가? 이런 상황에서 스스로에게 할 말을 알려주겠다.

"정신 차려!"

편견 없이 관찰하라

'정신 차려!'는 당신이 새로운 사람을 만날 때 편견을 가지지 않기 위해 외치는 말이 아니다. 당신이 누군가에 대해 편견을 가지는 상황에서 누를 수 있는 일종의 '리셋 reset(재설정)' 버튼이다. 예를 들어 면접이나 소개팅 자리에 서 뿐만 아니라 중고차를 살 때, 동생이 전화했을 때도 사 용할 수 있다. 당신은 동생이 또 돈을 빌리기 위해서 전화 했다고 생각하지만 사실은 단순한 안부전화일 수도 있다.

당신이 정신을 차리면 비판 없이 그저 관찰만·하는 어 떤 공간에 들어가게 된다. 또 당신이 특정 부류의 남자들 에게 갖고 있던 편견도 무용지물이 되어버린다.

예를 들어 당신이 중고차 판매인에 대한 편견을 갖고 있다면 판매인이 어떤 말을 하더라도 믿지 않을 것이다. 그가 정직하게 좋은 차를 골라 주려고 해도 말이다. 당신 은 이미 눈과 귀를 닫고 편견의 노예가 되어버려서 정직 하게 당신의 신뢰를 얻으려고 노력하는 누군가를 믿지 않 는 것이다.

편견은 다른 방식으로도 작용한다. 당신은 특정한 남성 상을 떠올리게 하는 남자들을 지나치게 신뢰하고 있을지 도 모른다. 키가 크고 말랐으며 곱슬머리에 유머감각이 뛰 어난 책벌레 타입의 남자를 당신이 매우 좋아한다고 해보 자. 이것이 남녀 관계에서 당신의 약점인 것이다. 당신은 이런 부류의 남자 앞에서 완전히 무방비상태가 되어버리기 때문이다.

따라서 당신이 이런 타입의 남자를 만날 때 그를 신뢰하는 것은 이미 정해진 것이나 다름없다. 그는 엄청난 바람둥이거나 사기꾼이거나 변태일 수도 있지만 당신이 그를 의심하기란 쉽지 않다. 그가 노골적으로 거짓된 행동이나 말을 하지 않는 이상 당신은 편견에 사로잡혀 무의식적으로 거짓투성이인 누군가를 믿게 된다.

당신이 정신을 차린다고 해서 거짓을 찾아낼 수 있다는 것은 아니다. 정신을 차린다는 것은 무엇이든 즉각적으로 신뢰하거나 불신하지 않는 상태가 된다는 것이다. 그러면 당신은 거짓을 알아보기 위한 좀더 좋은 위치에 놓이게 될 것이다. 당신은 진실과 거짓에 모두 열려 있기 때문이다.

그렇다고 당신이 전과는 다른 사람이 된다는 뜻은 아니다. 다만 당신이 어떤 상황에서 누구를 만나든 거짓말을 자각할 수 있고 거짓말에 맞설 준비가 되는 것 뿐이다.

당신이 누군가를 믿을 것인가 말 것인가에 대한 편견을 가지고 있으면 누구를 믿을지 감정적으로 선택할 수밖에 없다. 하지만 정신을 차리면 우리의 눈과 귀가 제공하는 사실에 의존하여 결정할 수 있다.

백지상태에서 시작하라

—

당신은 '행동이 변하지 않으면 어떠한 결과도 기대할 수 없다'는 말을 들어본 적이 있는가? 이 말은 당신이 하던 대로 하면 같은 결과만을 얻게 될 거라는 뜻이다.

당신이 어수룩하거나 속을 만한 일을 했기 때문이 아니라 아무것도 바꾸지 않은 채 같은 일을 계속 반복하고 있기 때문에 남자에게 계속 속고 있는 것이다. 그동안 당신은 중고차 판매인이 진실을 말해도 계속 그를 불신하고 반대로 키 크고 마른 매력남이 계속 사기를 쳐도 분별없이 믿었던 것이다. 거짓말이 사소한 것이든 심각한 것이든 그것을 계속 듣고만 있어서는 안 된다. 당신이 아무것도 하지 않는다면 남자들도 당신에게 거짓말하는 것을 그만두지 않을 것이다.

대신에 편견을 버리고 마음가짐을 리셋해야 한다. 그래야 당신은 매번 백지상태에서 누군가를 만날 수 있고 직접 보고 들은 것에만 집중할 수 있다. 그래야 남자가 당신을 속이고 있는지 아닌지 스스로 판단할 수 있다.

당신에게 필요한 것은 현명한 선택과 거짓말을 간파하기 위한 몇 가지 방법이다. 그래야 거짓말쟁이에게서 주도권을 되찾을 수 있다. 거짓말에 속기 싫다고 해서 아예 데이트를 하지 말아야 할까? 그래서는 안 된다. 당신은 더 나은 정보를 갖고 현명하고 유익한 선택을 해야 한다.

정신 차리는 것이 무엇인지 알게 되면 당신이 언제 속고 있는지를 판단하여 그것에 맞게 행동을 취할 수 있다. 당신은 지금까지 해왔던 방식으로 보고 들음으로써 거짓말을 가려낼 것인가? 아니면 눈과 귀를 리셋하는 법을 배워 새로운 관점으로 보고 들음으로써 새로운 결과를 얻을 것인가? 어떤 것을 선택할지는 당신에게 달렸다.

리셋

리셋은 편견을 던져버리고 백지상태가 되는 것이다. 왜 우리는 상대방에게 속을 가능성이 높은 소개팅이나 면접, 협상, 중고차 구매에 나서기 전에 마음을 리셋하지 않을까?

우리는 매일 접하는 여러 가지 상황을 이성적으로 판단하기보다는 편견을 가지고 판단하는 경향이 있다. 이것은 어떤 사람에 대한 우리의 판단을 흐리고 그 사람이 거짓말쟁이거나 정직한 사람이라고 속단하게 만든다. 결국 우리는 '속이기 쉬운 상태'가 되는 것이다.

예를 들어 당신이 '머리가 벗겨지고 안경을 쓴 남자는

위험하지 않다'는 편견을 가지고 있다고 가정해보자. 당신이 매일 아침 의식적으로 이 생각을 반복하는 것은 아니지만 당신의 머릿속 한편에 항상 존재하고 있다. 그래서 찢어진 청바지에 가죽 재킷을 입은 남자가 당신 맞은편에 앉으면 머릿속에서는 적색 경보가 울린다. 그리고 대머리 남자가 나타나면 다시 녹색 신호가 켜진다. 외모에 따라 남자에 대한 평가가 갈리는 것은 편견의 단적인 예이다. 그리고 당신은 대머리 남자가 하는 말은 모두 믿고 폭주족 남자가 말하는 모든 것을 불신하게 될 것이다.

리셋한다는 것은 어떤 사람을 만났을 때 즉각적으로 신뢰하거나 불신하는 대신에 모든 증거가 나타날 때까지 판단을 보류하는 것이다.

당신이 '제임스 본드 영화'나 '본 아이덴티티 시리즈'를 보았다면 주인공이 한밤중에 야시경을 사용하는 장면을 봤을 것이다. 이때 주인공이나 주인공이 감시하는 악당이 달라지는 것은 아니다. 주인공이 악당을 감시하는 방법만이 달라졌을 뿐이다. 야시경을 사용하자마자 모든 것이 선명해지듯이 리셋도 이와 비슷하다.

'리셋' 모드로 들어가는 것은 '거짓말 탐지 안경'을 쓰는 것과 같다. 안경을 쓴다고 해서 당신이 달라지는 것도 아니고 당신이 대화하고 있는 상대가 달라지는 것도 아니다. 당신이 주문한 음료도, 상대가 입고 나온 옷도 변하지 않으며 이야기의 내용도 그대로이다.

다만 리셋 모드로 들어가면 그를 바라보는 당신의 방식이 달라질 뿐이다. 당신이 편견을 버리고 눈과 귀, 보기와 듣기를 '리셋'하기 때문이다.

눈

남자의 거짓말을 찾을 때 우리가 직접 본 것을 무시한 채 이마에 맺힌 땀, 시선을 피하는 것, 손이 떨리는 것, 발을 가만히 두지 못하는 것 등 '거짓말을 할 때 나타나는 특정 징후'에 대해서만 생각한다. 하지만 우리가 앞에서 살펴본 것처럼 어떤 남자들은 거짓말을 하면서도 당신의 눈을 똑바로 쳐다볼 수 있고 미소를 잃지 않을 수도 있다. 반면 어떤 남자들은 100퍼센트 진실을 말하고 있음에도 불구하고 당신의 눈을 똑바로 바라보지 못한다.

앞으로 거짓말을 가려내기 위해 무엇을 찾아야 하는지 아주 구체적으로 설명할 것이다. 하지만 지금은 구체적으로 무엇을 찾기보다는 보는 것이 얼마나 중요한지를 설명하는 것이 먼저이다.

눈은 감각의 입구이다. 실제로 눈은 거짓말쟁이가 거짓말을 시작하기 전에 가장 먼저 뚫어야 할 방어선이다. 만약 남자가 눈의 검열을 피해 이 첫 번째 방어선을 넘어갈 수 있다면, 이미 전쟁의 반은 승리한 것이나 마찬가지다. 거짓말을 가려내는 문제의 모든 것은 눈과 함께 시작된다. 우리가 가장 먼저 눈을 리셋해야 하는 것은 바로 이 때문이다.

그는 어떤 옷을 입고 있는가? 그는 어떤 차를 타고 왔는가? 누가 먼저 약속장소에 도착했는가? 종업원을 대하는 방식은 어떤가? 그는 무엇을 주문하는가? 그는 당신이 먼저 주문할 수 있도록 배려하는가? 그의 행동은 어떠한가? 그는 긴장하고 있나, 자신감에 차 있나, 두려워하고 있나? 그의 손은 어디에 놓여 있는가? 그의 발은? 그가 당신에게 말할 때 어떤 버릇이 있는가? 그는 당신의 눈을 쳐다보는가, 아니면 피하는가? 그는 너무 긴장하고 있는가, 아니면 너무 느긋한가?

지금은 당신이 본 것을 해석하는 것이 그렇게 중요하진 않다. 리셋 모드로 들어가자마자 당신의 눈에 들어온 것이 중요하다.

귀

눈이 감각의 입구라면 귀는 감각의 난간으로 귀는 당신이 본 것을 보강한다. 귀는 거짓말을 가려내기 위해 상황을 판단하는 과정에서 당신이 길을 잃지 않도록 해준다. CIA 에는 이런 말이 있다.

"귀가 동의하기 전까지 눈으로 본 것을 믿지 마라."

다시 말해 남자의 외모는 완전히 비호감이지만 100퍼센트 진실만을 말하고 있을 수도 있다. 반대로 순정만화에서 막 튀어나온 것 같은 남자라도 그의 입에서 나오는 모든 말이 거짓일 수도 있다.

귀는 당신의 눈이 실패할 때를 대비하여 안전장치 역할을 한다. 귀는 당신의 눈과 협력하며 하나의 팀으로 움직인다. 속임수를 가려내기 위해서는 두 가지 감각을 모두 사용해야 한다. 한 가지 감각만으로는 부족하다.

가령 당신이 면접을 보러 갔다고 상상해보자. 면접을 보기 전에 인사 담당자가 당신이 일하게 될 부서를 소개해주었다. 그의 웃는 얼굴과 상냥한 태도는 흠잡을 데가 없다. 그러나 당신이 맡게 될 업무에 대해 그가 말하는 것은 당신이 눈으로 본 것과는 전혀 다르다.

사람들은 업무가 많은 것 같고 불친절하며 심한 스트레스에 빠져 있는 것처럼 보인다. 당신은 부서 간의 팀워크와 조화에 대해 듣고 있지만 당신의 눈에 보이는 것은 그렇지 않다. 인사 담당자는 이 부서를 한마디로 정의하면 '팀워크'라고 말한다. 그것이 전부 거짓말은 아닐지도 모르지만 당신이 보는 것과 일치하지 않는 것도 사실이다.

또 다른 예로 당신이 소개팅에 나갔다고 해보자. 당신은 조금 일찍 약속 장소에 나가 창가 근처에 자리를 잡고 마음을 리셋한다. 그때 소개팅 상대가 매끈한 검은색 스포츠카를 몰고 등장한다. 그의 차에 대해 몇 마디 오고 간 뒤 그는 당신에게 "물질적인 것은 자신에게 중요하지 않다"고 말한다. '자신에게 중요한 것은 앎'이고 자신은 '오래된 차'를 몰며 그것은 '이동수단'일 뿐이라고 말한다.

또 그는 환경오염을 걱정하는 당신에게 좋은 인상을 주기 위해 기름을 많이 먹는 SUV를 몰고 왔음에도 하이브리드 차를 몬다고 말할지도 모른다.

왜 그가 이런 얘기를 하는가는 당장은 중요하지 않다. 중요한 것은 그가 당신을 속이고 있다는 사실이다. 당신은 정신 차리고 그가 말하는 것을 보고 들어야 한다. 그가 거짓말을 하고 있는지 아닌지 판단하기 위해서는 당신이 본 것만으로는 부족하다. 들은 것까지 고려해야 한다.

보기

이제 당신은 편견을 가지고 판단하거나 분석하지 않고 무언가를 볼 수 있다. 그러나 눈과 귀를 리셋하는 것만으로는 부족하다. 그럼 그 다음에는 어떻게 해야 할까? 여기서 '보기'와 '듣기'라는 '눈'과 '귀' 와 비슷해 보이지만 전혀 다른 새로운 개념이 등장한다.

눈으로 본 것을 당신의 경험과 지식으로 해석하지 않으면 아무 의미가 없다. 물감을 마구 뿌려놓은 캔버스가 미술관 벽에 걸려 있다고 해도 그것이 잭슨 폴락의 작품이라는 것을 알기 전까지는 가치 없는 그림처럼 보일 것이다. 그 그림이 잭슨 폴락의 작품이라는 것을 아는 순간 모든 것이 달라진다. 100명의 아이들이 놀고 있는 복잡한 학교 운동장에서 한 아이가 없어졌다 해도 별로 특별할 게 없을 것이다. 하지만 그 아기가 당신의 동생이라면 상황은 완전히 달라진다.

거짓말의 단서도 마찬가지다. 거짓말도 당신이 그것을 이해하지 않고 관찰하기만 한다면 아무 의미가 없다. 당신은 눈으로 본 단서를 해석하는 법도 배워야 한다. 당신이 보고 들은 것을 적극적으로 해석하지 않는다면 아무 의미가 없다. 예를 들어 소개팅에서 만난 한 남자가 자신의 개인적인 습관에 대해 침묵을 유지했다고 가정해보자. 그는 술을 너무 많이 마신다거나 담배를 많이 피운다고 솔직히 말하지는 않았지만 당신이 찾으려고만 한다면 모든 증거를 찾을 수 있다.

그와 만난 시간은 저녁 여섯시이고 모든 출발이 순조롭다. 당신은 화이트 와인을 골랐고 그는 보드카 토닉을 선택했다. 여기까지는 좋다. 문제가 전혀 없다. 당신이 와인을 한 모금 맛보는 사이 그는 칵테일을 한 번에 모두 들이키고는 재빨리 한 잔을 더 주문했다. 당신이 첫 잔을 비웠을 때쯤 그는 이미 세 잔을 마셨다. 긴장해서 그럴 거라고 당신은 생각한다. 하지만 독한 술을 두 잔이나 더 마셨는데도 그가 멀쩡하게 행동하자 생각이 달라진다. 술이 다섯 잔이 들어갔는데도 그는 거의 취하지 않았다. 관심을 갖고 본다면 당신은 술꾼을 상대하고 있다는 것으로 해석할 수 있다.

그가 술을 들이 붓고 있는 것을 지켜보고 있는 동안 검지에 니코틴 흔적이 있는 것을 알아차릴 수도 있다. 또 재킷 주머니가 담뱃갑 모양으로 불룩 튀어나와 있는 것을 발견할 수도 있다. 화장실에서 돌아온 그에게서 담배 냄새를 맡을 수도 있다. 따라서 질문 하나 하지 않고 당신은 그가 주당이자 골초라는 것을 알 수 있다.

그가 당신을 속이고 있는 거라고 볼 수 있을까? 꼭 그렇지는 않다. 이제 그의 말을 들어보고 판단해야 한다.

듣기

보기가 거짓말 탐지의 오른손이라면 듣기는 왼손이다. 우리가 눈으로 본 것을 해석해야 하듯이, 귀로 들은 것도 마찬가지로 해석해야 한다. 술을 마시지 않으며 담배를 피우지 않는다는 남자의 말을 들어라. 그리고 해석하라.

- 그가 정말로 말하고 있는 것은 무엇일까?
- 그의 말이 그의 행동과 일치하는가?

조금 뒤에 우리는 남자들의 말 뒤에 숨은 진의에 대해 배울 것이다. 아마도 그것은 이 책에서 가장 흥미롭고 의미 있는 내용이 될 것이다. 하지만 지금은 남자의 말을 듣는 것이 중요하다. 당신이 들은 것을 엄격하게 해석해야 한다. 다시 앞으로 돌아가 주당에 골초인 게 분명한 남자를 분석해보자. 앞서 당신은 눈으로 본 단서를 해석하였다. 이것은 거짓말 탐지에 절대적이고 필수적인 증거다.

하지만 그가 실제로 입을 열어 당신을 속이기 전까지 완전한 해석은 보류되어야 한다. 예를 들어 두 시간도 되지 않아 보드카 토닉 다섯 잔을 비우는 것을 보고 당신이 이렇게 말했다고 해보자.

"오늘 힘든 일이 있으셨나 봐요?"

정말로 힘든 일이 있었고 스트레스 해소가 필요했는지 누가 알겠는가. 어쩌면 그는 오늘 회사에서 해고당하고 누군가와 이야기하고 싶은 심정일지도 모른다. 그렇다면 이것은 진심으로 마음을 연 그를 알 수 있는 좋은 기회이다. 아니면 그저 술을 마시고 싶었을 뿐인지도 모른다. 어느 쪽이든 이것은 진실을 알아낼 기회이다. 하지만 당신이 시도조차 하지 않으면 기회는 없다.

위와 같이 물었을 때 그는 약간 방어적으로 이렇게 말할 수도 있다.

"별로요. 왜요?"

능숙한 데이트 탐정다운 자세로 당신은 비어 있는 술잔들을 가리키고 이어서 그의 손에 들린 술잔을 바라보며 말한다.

"음, 오늘 술을 빨리 마시는 것처럼 보여서요. 힘든 일이 있나 보다 했죠."

"아, 이거요?"

그는 새 잔을 꽉 쥔 채 빈 잔을 향해 손사래를 쳤다.

"걱정할 것 없어요. 꼭 우리 어머니처럼 말씀하시네요."

당신은 걱정스러운 얼굴로 말할 것이다.

"음, 만난 지 두 시간도 안 됐는데 조금 많이 마신 것 같아서요. 당신이 뭔가 속상한 일이 있다면 저에게 이야기하고 싶을지도 모른다고 생각했죠."

당신은 의심의 여지를 남겨놓았을 뿐만 아니라 그에게 당신을 믿고 마음을 열 기회와 진실하게 대답할 기회를 동시에 주었다.

그는 어깨를 으쓱하고는 방어적으로 나온다.

"아니요. 제 주량은 제가 압니다."

당신은 그의 재킷 주머니가 담뱃갑 모양으로 불룩 튀어나온 것을 목격한다. 또 그가 한 시간 동안 화장실에 네 번이나 다녀오고 돌아올 때마다 담배 냄새를 풍긴다면 이렇게 묻지 않겠는가?

"좀 개인적인 질문일지도 모르지만, 담배 피우세요?"

그리고 그가 매우 재빨리 대답했다고 해보자.

"아니오. 왜 물으세요?"

당신은 그의 재킷에 있는 증거를 가리키며 그가 화장실에 자주 가는 것 같고 올 때마다 담배 냄새가 난다고 말하면 정직한 사람은 담배를 피운 것을 시인할 것이다. 하지만 그것이 소개팅이거나 첫 번째 데이트이고 많은 사람들이 흡연에 대해 부정적으로 생각하고 있다는 것을 알기 때문에 그는 그저 그 사실을 언급하지 않았을 수도 있다. 그저 흡연 사실을 숨기기 위해 사소한 거짓말을 한 것이다.

거짓말을 들킬 경우 평범한 사람들은 얼굴을 붉히면서 담뱃갑을 꺼내 시인한다. 그가 거짓말을 한 것은 사실이지만 그는 그저 사생활을 보호하고 싶었거나 당신에게 잘 보이고 싶었을 수도 있다. 어쩌면 그는 자신의 흡연습관이 부끄러웠거나 담배를 끊으려고 수없이 시도했지만 실패했을 수도 있다. 당신이 정말로 좋아서 실망시키고 싶지 않았거나 당신을 위해 그 자리에서만은 피우지 않으려고 노력한 것일지도 모른다. 이런 경우라면 그의 사소한 거짓말은 쉽게 용서될 수 있다. 우리가 여기서 거짓말이 큰지 작은지, 옳은지 그른지, 악의가 있는지 없는지를 꼭 판단할 필요는 없다. 우리는 그저 거짓말을 간파하고 더 나은 결정을 하는 데 참고하려는 것이기 때문이다.

반면 거짓말쟁이는 모든 것을 왜곡하며 스스로 더 깊은 수렁으로 빠져들 것이다. 혹은 모든 것을 당신 탓으로 돌리며 애초에 그런 질문을 한 것 자체를 미안하게 느끼도록 만들지도 모른다. 이는 첫 번째 장에서 스피드 데이트에 나갔던 불쌍한 애슐리가 모두 겪은 일이다. 하지만 정신을 차린다는 것은 이런 질문을 했다고 해서 미안해하거나 당신의 추측이 틀렸다고 창피해하지 않는 것이다.

물론 이 상황에는 세 번째 가능성도 있다. 그가 정말로 담배를 피우지 않았다면? 어쩌면 그는 웃으며 주머니에서 초콜릿 상자를 꺼내어 당신에게 선물로 줄지도 모른다. 그러고는 자신은 긴장하면 화장실에 자주 가는데 주방 직원들의 흡연구역이 화장실 바로 옆이어서 어쩔 수 없이 담배 냄새가 배었다고 말할지도 모른다.

당신이 남자에게 질문하고 그의 대답을 제대로 듣지 않는다면, 적극적으로 대답을 해석할 수 없다. 또 그가 속이고 있는지 아닌지 간파하지 못한다면, 당신은 결코 자신의 선택에 만족하지 못할 것이다.

선택권과 주도권은 당신에게 있다. 당신은 거짓말쟁이

에게 끌려다니는 대신 상황을 이끌어야 한다.

선입견을 버리고 백지상태에서 상대방을 바라보라.

1. 리셋 : 편견을 던져버리고 백지상태가 되어라.

2. 눈 : 리셋모드로 들어가자마자 당신의 눈에 들어온 것을 기억하라.

3. 귀 : 거짓말을 간파하기 위해서는 본 것만으로는 부족하다. 집중해
서 들어라.

4. 보기 : 눈으로 본 것을 해석하라.

5. 듣기 : 들은 것을 해석하라.

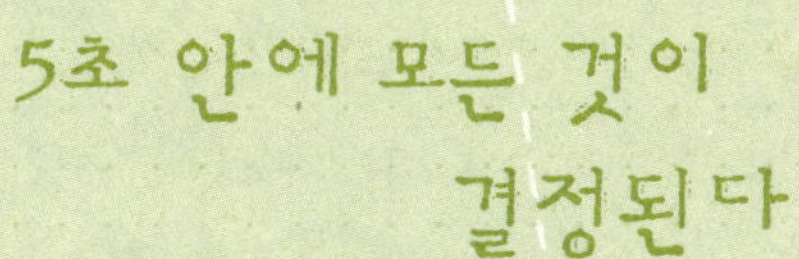

5초 안에 모든 것이 결정된다

5초 안에 모든 것이 결정된다

· · ·

모든 일이 그렇듯이 거짓말을 가려낼 때도 어떤 기준이 필요하다. 사람들은 저마다 다른 배경을 갖고 있고 행동방식도 제각각이기 때문이다. A에게 거짓말 징후인 것이 B에게는 습관적인 행동일 수도 있다.

영화와 TV의 영향으로 사람들은 누군가 거짓말을 할 때 어떤 징후가 있을 거라고 믿는다. 그래서 눈동자를 오른쪽 위로 치켜뜨면서 다리를 떨거나 손에 땀이 날 때 거짓말 징후로 본다. 하지만 습관적으로 눈을 오른쪽으로 치켜뜨거나 말을 할 때는 언제나 다리를 떠는 사람도 많다. 그리고 체질적으로 손에 땀이 많은 남자들도 있다. 그것이 그들의 습관인 것이다.

이번 장에서는 남자의 거짓말을 간파하는 법에 대해 배울 것이다. 이것은 당신이 질문을 한 후 남자가 어떻게 반응하는지 5초간 몰입하여 관찰하는 기술을 말한다. 이 기술은 남자의 거짓말을 간파하는 데 매우 유용하다. 몰입의 창을 사용하기 위해서는 다음 네 가지 단계를 거쳐야 한다.

- 1단계 : 남자의 정상상태를 파악하기

- 2단계 : 거짓말을 간파하기 위한 네 가지 질문

- 3단계 : 질문하기 전에 제정신 차리기

- 4단계 : 몰입의 창 찾기

1단계 : 남자의 정상상태를 파악하기

남자의 거짓말을 알아내기 위해서는 '정상적인 상태'를 먼저 파악해야 한다. 긴장이 완전히 풀려 있을 때, 마음에 아무런 근심 걱정이 없을 때 그가 어떻게 행동하는지를 알아야 한다. 이를 '휴식상태'라고도 하고 남자의 '기본설정'이라고도 부른다.

《나는 너를 책처럼 읽을 수 있어》의 두 저자 그레고리 하틀리Gregory Hartley와 매리엔 커린치Maryann Karinch는 이것을 '기준선 지정baselining'이라고 부른다. "기준선 지정은 일종의 휴대용 거짓말 탐지기이다. 당신은 그것을 사용해 몸짓과 목소리의 미묘한 변화를 읽어낼 수 있다. 일단 당신이 무엇을 보고 들어야 하는지 알게 되면 상대의 비정상적인 상태를 감지할 수 있다. 이 능력은 다른 사람과의 교류에서도 통제권을 갖게 해준다."

남자의 정상적인 상태를 '휴식상태'나 '기본설정' 혹은 '기준선'이라고 다양하게 부르지만 목적은 같다. 남자의 정상적인 상태가 무엇인지 알아내는 것이다. 남자의 정상적인 상태를 알게 되면 그가 당신의 질문에 언제 비정상적으로 반응하는지 알 수 있다. 즉, 편안한 상태에서 어떻게 행동하는지를 통해 그가 스트레스를 받은 상황에서 어떻게 반응하는지 알 수 있는 것이다.

우리는 질문을 통해 남자를 자극하여 그의 행동과 반응을 관찰할 것이다. 그가 거짓으로 대답할 때 그의 자율신경이 어떻게 반응하는지 보는 것이다.

예를 들어 당신이 만나고 있는 남자가 과거에 '원나잇 스탠드'를 맺은 적이 있는지 알고 싶다면 망설일 필요 없이 그에게 물어보면 된다.

"'원나잇 스탠드'를 가져본 적이 있나요?"

장담하건대 이는 남자의 허를 찌르는 질문이다. 그는 어떤 식으로든 즉시, 그리고 쉽게 대답할 것이다.

여기서 문제는 우리가 그의 대답을 해석할 기준이 없다는 것이다. 남자의 정상적인 반응이 무엇인지 아직 파악하지 못했기 때문에 그가 거짓말을 했는지 판단할 수가 없다. 당신이 질문을 하자마자 남자가 의자에서 벌떡 일어났다고 해서 거짓말을 하고 있다고 말할 수는 없다. 그가 '그렇다'고 대답했다고 해서 그것이 진실이라고 볼 수도 없다. 대부분의 남자들은 이 질문을 받으면 거부감이나 불쾌감이 들 것이다. 특히 이 질문이 갑자기 튀어나온다면 말이다.

따라서 남자의 대답으로 거짓말 여부를 판단하기 위해서는 우선 그의 정상적인 반응이 무엇인지 알아내야 한다.

그럼 이제부터 남자의 정상상태를 알아보자. 여기서 '정상normal'을 알아낸다는 것은 남자가 '정신이상자'인지 아닌지 알아내라는 뜻이 아니다. 남자가 스트레스를 받거나 당신의 심문에 시달리지 않을 때 어떻게 행동하는지를 알아내라는 것이다. 이것은 남자를 괴롭히는 일이 결코 아니다.

남자의 정상상태가 무엇인지 알아내기 위해서는 다음과 같은 과정이 필요하다.

잡담을 나누어라

모든 대화가 무겁고 심각해야 하는 것은 아니다. 당신이 사소한 질문을 할 때, 당신의 몸짓과 말투가 공격적이지 않을 때 남자는 편안해진다. 그때 그의 정상상태가 무엇인지 파악해야 한다.

당신이 남자를 편안하게 만들어야 그의 평소 모습이 어떤지 알 수 있다. 그를 긴장하게 만들거나 방어적으로 만든다면 그의 평소 모습을 결코 알 수 없을 것이다.

그의 평소 모습을 알아차리지 못하면 당신은 결코 거짓을 읽어낼 수 없다. 그가 당신을 속이고 있더라도 그것을 판단할 기준이 없기 때문에 거짓말을 간파하기가 힘들 것이다. 반대로 그의 진심을 제대로 알아보지 못해서 좋은 남자를 놓칠 가능성도 있다.

잡담을 하는 동안 무겁고 자극적이며 속을 캐보는 질문은 금물이다. 일단은 소소하고 평범한 일들에 대해 이야기를 나눠야 한다. 영화, 음악, 좋아하는 스포츠, 취미, 날씨 등 가벼운 잡담을 나누며 그가 편안해질 때 어떻게 반응하는지 관찰하라.

- 그가 말을 할 때 손을 사용하는가?
- 그가 대화 중에 추임새를 많이 사용하는가? "그렇군요." "좋네요." "멋진데요."
- 그가 자주 사용하는 단어는 무엇인가? 예를 들어 "그러니까 내 말은……." 또는 "솔직히 ……."
- 그가 습관적으로 다리를 꼬았다 풀었다 하는가?

– 그는 편할 때도 말을 더듬거나 눈을 빨리 깜박이는가?

그가 평소 하는 행동이 무엇인지 알아내는 것은 중요하다. 우리는 이것을 '습관적인 행동'이라 부른다. 이런 행동을 찾아내는 이유는 그에게 심각한 질문을 했을 때 행동의 변화가 있는지 알아보기 위해서이다.

예를 들어 그는 안절부절못하거나 워낙 에너지가 넘쳐서 가만히 앉아 있지 못하는 사람일 수도 있다. 최근에 본 영화가 무엇인지, 좋아하는 스포츠 팀이 어디인지, 날씨가 어떤지 등 아주 평범한 대화를 나눌 때조차도 말이다. 평소에도 그가 안절부절못하는 사람인지, 손톱을 자주 깨무는 사람인지, 땀을 많이 흘리는 사람인지 알아낸다면, 당신은 잘못된 단서를 피할 수 있을 것이다.

당신이 안절부절못하는 남자에게 심각한 질문을 했다고 가정해보자.

"그럼, '원나잇 스탠드'를 맺은 적이 있나요?"

당신이 질문을 했을 때 그가 안절부절못한다고 해서 그것이 꼭 거짓말이라는 것은 아니다. 왜냐하면 그는 당신이 이 질문을 하기도 전에 이미 안절부절못했고 데이트가 끝난 후에도 마찬가지일 것이기 때문이다.

위협적이지 않은 잡담, 가볍고 평범한 주제에 대한 대화는 남자의 정상상태를 알아내는 데 좋은 방법이다. 날씨, 스포츠, 취미, 일, 자동차, 연예인, 최근 뉴스, 영화, 음악, TV 등은 남자를 편안하게 만드는 주제들이다.

간단하고 편안한 질문을 던져라

농구에는 어려운 슛이 있는가 하면 쉬운 슛도 있다. 점수 차가 얼마 나지 않은 가운데 경기 종료 벨이 울리기 1초 전, 하프코트에서의 3점 슛을 던지는 것은 어려운 일이다. 그에 비해 골대 밑에서 넣는 레이업슛은 상대적으로 쉽다.

이번에는 위협적이지 않고 편안한 질문들에 대해 설명하고자 한다. 나중에 당신은 심각하고 중요한 질문을 던지게 되겠지만, 일단 지금 당신에게 필요한 것은 그를 편안하고 즐겁게 만들어서 자연스럽게 말하도록 하는 것이다. 그래야 그의 정상상태가 무엇인지 알 수 있기 때문이다.

위협적이지 않고 편안한 질문의 예

- 가장 좋았던 휴가는 언제였어요?
- MP3 플레이어에 있는 곡 중 가장 좋아하는 곡은 뭐죠?
- 학교가 어디에요?

- 어디서 자랐어요?

- 형제는 몇 명이나 돼요?

습관적인 몸짓이나 행동을 찾아라

이제 잡담과 쉬운 질문으로 그가 편안해졌다면 본격적으로 작업에 착수할 때이다. 당신은 그가 편안할 때 취하는 습관적인 행동을 찾아야 한다.

습관적인 행동에는 우리가 아무 생각 없이 하는 일들이 포함된다. 이런 습관은 어린 시절로 거슬러 올라가는 경우가 많다. 예를 들어 당신은 아침에 신발을 어떻게 신는가? 당신은 양말을 양쪽 모두 신은 다음 신발을 신는가? 아니면 한 쪽 발에 양말과 신발을 신은 다음 다른 발에 양말과 신발을 신는가? 어느 쪽이 옳고 그르다는 것이 아니다. 어느 쪽이든 당신이 어린 시절부터 하던 대로 지금까지 습관적으로 해왔을 것이다.

당신이 공과금을 계산하기 위해 계산기를 사용할 때 혀를 내민다면, 유치원 때 색칠공부를 하면서 혀를 내미는 아이였거나, 초등학교 때 받아쓰기를 하면서 혀를 내미는 아이였을 가능성이 높다. 이러한 행동은 습관이 된다. 왜냐하면 우리가 이런 행동을 자주 하다 보면 어느 정도 시간이 흐른 후에도 아무생각 없이 하게 되기 때문이다. 따라서 남자가 편안할 때 하는 특정한 행동을 찾는 것은 매우 중요하다. 그가 당신을 속이려고 할 때 그 점을 감안할 수 있기 때문이다.

- 질문에 대답할 때마다 귀를 만지는가?
- 자주 다리를 꼬았다가 푸는가?
- 말할 때 방을 둘러 보는가?
- 눈을 마주 보고 말하는가?

어떤 행동만으로 그것이 진실인지, 거짓인지 단정할 수 없다는 것을 기억하기 바란다. 그것은 그저 그의 자연스러운 평소 모습일 수도 있기 때문이다. 그가 편안할 때 하는 행동들을 많이 알아낼수록 나중에 심각한 질문을 할 때 더 많은 정보를 얻을 수 있다.

반복되는 단어를 찾아라

어떤 사람들은 진실과 거리를 두려고 할 때 수식어를 사용한다. 말하자면 운동 경기에서 양쪽에 모두 돈을 거는 식으로 애매하게 행동하는 것이다. 항상 이렇게 대답해왔기 때문에 수식어를 많이 사용하는 것이 습관이 되었다고도 볼 수 있다.

당신은 하루 종일 수식어를 듣는다. 어쩌면 당신도 하루 종일 수식어를 사용할지도 모른다. "때로는" "어쩌면" "그럴 수도" "내가 알기로는" 등. 수식어의 반대는 명확한 대답이다. "네" "아니오" "매주 화요일" "지난 주 목요일 정오" 등.

정직한 사람들의 경우 수식어를 적게 사용하고 좀 더 명확하게 대답한다. "술을 마십니까?"라고 물을 경우 상대가 비음주자이면 헛기침을 하고 우물거리는 대신에 "아니오, 전에는 마셨지만 6년 전에 끊었습니다" 또는 "새해 전날에 먹은 샴페인 한 잔도 해당됩니까?"라고 단순하게 말할 것이다.

수식어는 불편하고 적절하지 않다고 느끼는 것에 대해 직접적으로 말하는 것을 회피할 때 유용하다. 이것은 거짓말 또한 숨겨준다. 여기서 우리가 찾는 것은 거짓말을 숨기는 의식적이고 애매한 수식어가 아니다.

상대의 정상상태가 무엇인지 알아내려고 할 때 당신은 적극적으로 거짓말을 찾지 않아도 된다. 오히려 그 반대로 그가 온전히 본모습일 때 어떻게 행동하는지를 보고 듣고 느낀다. 우리는 그의 기본설정을 찾고 있는 것이다. 그가 방어를 늦출 때나 당신이 그를 편안하게 해줄 때 오랫동안 그의 말버릇이었던 습관적인 수식어를 찾아야 한다.

예를 들어 나와 함께 일하던 한 남자는 '보통'이라는 말을 자주 쓴다. 그에게는 이것이 말버릇이다. 처음에는 전혀 몰랐지만 그는 항상 이 말을 사용한다. 예를 들어 내가 "이 일을 끝내는 데 얼마나 걸려?"라고 물으면 그는 예측 가능한 단어로 대답한다.

"보통 6주 안에는 끝낼 수 있어."

내가 이어서 "주말에 이 일을 시작할 수 있겠어?"라고 물었을 때도 마찬가지다.

"보통 나는 주말에 일하지 않지만 이번엔 할 수 있을 거 같군."

'보통'이 수식어이기는 하지만 이 경우에 그는 나를 속이고 있는 것이 아니다. 그는 그저 일을 마감하는 데 6주 대신에 7주나 5주가 걸릴 경우를 대비하는 것뿐이다. 보통이라는 수식어를 쓰면 6주라고 말하면서도 7주나 5주가 될 수 있다는 가능성도 포함하고 있기 때문이다.

또 다른 좋은 예로 판매원이나 정치인들은 질문을 받으면 "그거 좋은 질문이군요"라고 즉시 대답하라고 배운다.

당신은 이 말에 주목해야 한다. 이 대답이 정상상태의 일부가 아니라면 거짓말을 하고 있음을 나타내기 때문이다.

따라서 남자가 항상 하는 말이나 습관적인 문구를 찾는 것이 매우 중요하다. 당신이 진지한 질문을 할 때 그가 거짓말을 하고 있다고 오해하지 않기 위해서이다.

2단계 : 거짓말을 간파하기 위한 네 가지 질문

—

당신이 남자의 정상상태를 알아냈다면 이제 남자의 거짓말을 간파하기 위한 질문에 대해 배울 차례이다. 정상 반응을 알지 못하면 그의 비정상 반응을 알 수 없다. 따라서 당신이 남자의 정상상태를 파악했다면 그 다음 단계로 넘어갈 준비가 된 것이다. 이제 당신이 원하는 정보를 얻기 위해 사용해야 할 네 가지 질문에 대해 살펴보겠다.

간단하고 직접적인 질문

우리는 속마음을 숨기기 위해 질문을 복잡하고 다층적으로 만드는 경우가 많다. 이것을 간접적인 질문이라고 부른다. 어떤 남자들은 이런 종류의 질문을 감지하고 거짓말로 대답하는 데 익숙하다. 그들은 여러 가지로 대답할 수 있는 다면적인 질문을 접했을 때 간접적으로 대답하는 경향이 있다.

거짓말을 간파하기 위해서는 간단하고 직접적으로 질문해야 한다. 간단하고 직접적인 질문은 보통 명료한 대답을 요한다. 모든 대답이 '네' '아니오'는 아닐지라도 모두 간단하고 분명한 대답이 될 것이다. 예를 들어 보면,

- "혼자 사세요?" 라는 질문에는 "네" "아니오"로 단순하게 대답할 수 있다.
- "어머니와 마지막으로 대화를 나눈 게 언제죠?" 같은 질문은 "네" "아니오"는 아니지만 "어젯밤" "지난 달" 처럼 간단하게 대답할 수 있다.

최대한 간단하고 직접적으로 묻는 것이 중요하다.

추측형 질문

추측형 질문은 당신이 상대에게서 기대하는 대답을 질문으로 바꿔 물어 자신의 추측을 기정사실화하는 것이다. 이 경우 상대의 대답은 매우 한정될 수밖에 없다. 예를 들어

당신은 지금 만나고 있는 남자가 무직이라고 의심하고 있다. 그는 매일 일하러 간다고 말하지만 주중 근무시간에 네다섯 번씩 집에서 전화를 거는 것이다. 이럴 때 당신은 다음과 같이 질문할지도 모른다.

"언제 회사에서 해고됐어?"

여기서 당신의 질문에는 그가 더 이상 회사에 다니지 않는다는 것과 더 나아가 해고되었다는 추측을 내포하고 있다. 당신은 그 사실을 그가 인정할 수밖에 없도록 질문한 것이다. 남자의 입장에서는 그럴만한 이유가 있어 그만 둔 것이라고 말함으로써 체면은 차릴 수 있을 것이다.

부정형 질문

부정형 질문은 부정적인 상황에서 남자를 구석으로 몰아 둘 중에 하나만 선택하도록 강요하는 것이다. 예를 들어 "운전하려면 적게 마셔야 하는 거 아니야?"는 부정형 질문이다. 이 경우 남자가 대답할 수 있는 방법은 두 가지 뿐이다. 방어적으로 대답하거나 솔직하게 대답하거나. 마찬가지로 "당신이 쳐다보는 게 저 여자 아니지?"의 경우 당신은 질문을 하고 있는 것이 아니다. 한눈팔지 말라고 경고하는 것이다. "저 여자가 당신에게 꼬리 쳤어?"라고 물을 경우에는 다양한 대답이 나올 수 있다. 하지만 "저 여자가 당신에게 꼬리 치는 거 아니지?"라고 물으면 남자는 낯선 여자가 자신에게 꼬리 치고 있다는 것을 인정하거나 부정하는 수밖에 없다.

당신이 부정형 질문을 사용할 때 한 가지 주의할 점은 상대가 당신의 말에 동의하도록 하고 싶을 때 사용해야 한다는 것이다. 예를 들어 당신과 남자친구는 저녁식사 뒤에 친구의 집에 가기로 되어 있다. 그런데 남자친구는 그곳에 가기가 싫다. 당신은 그에게 직접적으로 묻는 대신에 부정형 질문을 사용한다. "그 파티에 정말 가기 싫지, 그치?" 이러한 부정형 질문은 주도적이면서도 무엇보다도 설득적인 효과가 있다.

미끼가 되는 질문

미끼가 되는 질문은 네 가지 질문 중에 가장 교묘한 것이다. 이러한 종류의 질문은 상대에게 가상의 시나리오를 제시하고 그것이 실제로 일어날지 아닐지를 생각해보라고 강요한다. 이때 죄가 있는 사람은 미끼를 물 가능성이 높다. 그 일이 일어날 가능성에 대해 설명함으로써 자신이 당신을 속이고 있다는 것을 보여줄 것이다. 반면 죄가 없는 사람은 이런 가능성에 대해 전혀 걱정하지 않는다.

미끼가 되는 질문을 사용할 때는 남자가 당신을 속이고 있다는 것을 확신하고 있을 때나 실직한 남자의 경우처럼 실제 증거를 가지고 있을 때이다. 이 경우에 다음과 같이 질문할 수 있다.

- 당신이 전 여자 친구를 계속 만나고 있다는 내용의 이메일을 받으면 내가 어떨까?
- 이 초청장을 당신 상사에게 보내면 당신이 더 이상 회사에 다니지 않는다고 회신을 줄까?

3단계 : 질문하기 전에 제정신 차리기

이제 질문이 준비되었다면 다시 한번 눈과 귀, 보기와 듣기를 리셋하고 정신 차리자고 세뇌할 필요가 있다. 비판과 편견 없는 마음가짐을 갖게 되면 남자가 부당하게 비난받을 일도, 당신이 불공평하게 판단할 일도 없다.

우리는 자신에게도 상대에게도 공정하기를 원한다. 우리는 이번 장에서 남자에 대한 판단을 보류하고 그를 공정하게 대하는 것을 주로 다루고 있다. 당신이 정신을 차리다는 것은 일반적인 남자와 특정 부류의 남자에 대한 편견을 버리는 것이다. 이 남자는 나를 속일 리 없다는 확신 역시 버려야 한다.

남자의 정상상태를 찾는 일은 당신에게도 적용된다. 당신이 데이트나 면접에 나갈 때 자신의 기본설정을 정립할 필요가 있다. 이것은 특정 개인에 대해 편견을 갖지 않고 백지상태가 되기 위해서이다. 그러면 당신은 실제로 일어나고 있는 일과 그것에 대한 당신의 해석으로만 상대를 판단할 수 있다.

정신을 차리기 가장 좋은 시점은 몰입의 창을 열기 바로 직전이다.

4단계 : 몰입의 창 찾기 Window of Focus

'몰입의 창'은 당신이 남자의 거짓말 징후에 대해 경계심을 품어야 하는 시간을 말한다. 당신은 남자가 대답을 할 때 촉각을 세우고 그의 반응에 몰입해야 한다. 이것이 바로 몰입의 창이다.

이 창이 열리는 시기는 당신이 질문하는 시점이나 상대방이 질문을 받아들이는 동안이 아니라 질문을 이해한 순간이다. 당신은 그가 대답하는 동안의 언어적, 비언어적 반응에 모든 에너지를 쏟아야 한다.

몰입의 창은 세 단계로 나눌 수 있다.

1. 질문 | 몰입의 창은 질문하는 순간이 아니라 남자가 질문을 받아들이고 대답하기 시작할 때 열린다. 편하게 질문하라.

2. 질문을 받아들이는 시간 | 이 과정은 남자에 따라 다르겠지만 보통 1~2초가 걸린다. 당신이 질문하고 난 다음 그가 그것을 이해할 시간이 필요하다.

3. 질문을 이해한 순간 | 이때 몰입의 창이 열려야 한다. 구체적으로 말하면 질문이 인지된 뒤 '5초'라는 짧은 시간 동안 거짓말의 징후를 보고 들어야 한다. 몰입의 창은 당신이 사진을 찍는 것과 비슷하다. 렌즈 안으로 빛이 흘러들어오고 이미지가 메모리칩에 고정되는 순간과 같다. 몰입의 창은 당신이 정신을 차릴 때처럼 습관적으로 열려야 한다. 이를 위해서 연습이 절대적으로 필요하다.

그렇다면 몰입의 창이 왜 그렇게 중요할까? 소개팅을 나가보면 주변은 산만하고 남자들은 흥분한 상태라서 차분하게 대화하기 힘들다. 음료가 테이블에 도착하고 어쩌면 촛불이나 와인, 저녁식사가 주변에서 왔다 갔다 할지도 모른다. 당신이 아무리 중립을 유지한다고 해도 시끄러운 음악 같은 외부 변수로 인해 당황할 수도 있다.

몰입의 창은 주변 환경이나 소음에 상관없이 남자가 당신의 질문에 어떻게 반응하는지에 대한 명확한 이미지를 제공한다. 그것은 그가 당신의 질문에 뭐라고 대답했고 육체적으로 어떻게 반응했는지를 담은 사진과 같다. 일단 그렇게 사진을 찍어 놓으면 나중에 그것을 되돌아보고 분석할 수 있다.

당신이 몰입의 창을 최대한으로 활용할 수 있는 법을 알려주겠다. 이것을 숙지한다면 당신은 주변의 산만함 때문에 흔들린 사진이 아닌 선명한 사진을 찍을 수 있을 것이다.

질문을 자연스럽게 연결하라

우리는 너무 서두른 나머지 최악의 시점에 중요한 질문을 쏟아내는 경우가 많다. 이것은 몰입의 창을 열 때도, 남자로부터 진지한 대답을 얻을 때도 좋지 않다. 남자들은 여자가 긴장하며 초조하게 질문을 터트리면 높은 경계상태로 돌입한다. 진실과 거짓을 떠나 남자가 마음의 문을 완전히 닫아버릴 가능성이 높다. 따라서 남자로부터 원하는 반응을 끌어내기 위해서는 질문을 자연스럽게 던질 수 있는 순간을 기다려야 한다.

질문을 하고 나면 입을 다물어라

우리는 상대방의 말이 끝나기도 전에 말을 꺼내곤 한다. 서로 상대방의 말을 끊어가며 대화하는 것이다. 하지만 남자로부터 정확한 반응을 끌어내는 가장 좋은 방법은 질문한 다음에 입을 다무는 것이다. 그냥 들어라.

몰입의 창으로 성공을 거두려면 남자가 당신의 질문에 대답하는 그 '5초'간 열심히 거짓 징후를 찾아야 한다. 이때 당신이 입을 다문다면 더 분명하게 볼 수 있다. 당신이 간단하고 직접적으로 질문한다면 질문을 다시 하거나 부차적으로 설명할 필요가 없을 것이다. 사람들은 침묵을 두려워하거나 심각한 질문을 던지는 것을 불편해하는 경향이 있다. 그렇다고 해서 당신이 입을 연다면 몰입의 창은 실패로 돌아간다.

질문을 이해할 시간을 주어라

우리는 이미 이것이 몰입의 창을 열기 전 단계라는 것을 알고 있다. 하지만 좀더 충분히 설명하자면 이렇다. 남자가 당신의 질문을 받아들이는 동안은 거짓말 찾기를 시작하지 마라. 대신 그에게 질문을 이해할 시간을 주고 그의 대답에 몰입하라. 그가 당신의 질문에 반응하기 전까지 이 짧은 시간동안 그저 말없이 상대를 바라보기만 하면 된다. 실제로 질문을 받아들이는 동안에는 언어적, 비언어적 징후가 나타나지 않는다. 따라서 거짓 여부를 판단하기에는 너무 이른 것이다.

질문이 인지된 뒤 5초간 집중하라

몰입의 창을 열고 남자의 거짓말 징후를 보고 들어라. 그가 당신을 속일 생각이라면 이 5초간 모든 일이 일어날 것이다. 당신이 고생스럽게 남자의 정상상태를 알아낸 것이 빛을 발하는 순간이다. 왜냐하면 거짓말 징후가 아닌 습관적인 움직임이나 말더듬, 다리 꼬기, 헛기침 등에 신경을 쓰다보면 당신은 판단을 위해 충분한 증거를 확보하기도 전에 산만해질 것이기 때문이다.

5초 뒤에는 말과 행동을 통제할 수 있다

몰입의 창 밖에서 일어난 일들은 보통 당신의 질문과는 관련이 없다. 그래서 고려대상이 되어서는 안 된다. 우리가 몰입의 창이 열리는 시간을 구체적으로 정한 이유는 당신이 창 안을 집중해서 보도록 하기 위해서이다. 몰입의 창 밖에서 일어나는 일들이 중요하다면 왜 굳이 몰입의 창을 강조했겠는가? 따라서 당신이 질문을 하기 전에 그가 무엇을 했는가는 이 특정 질문과 관련이 없다. 그리고 그가 대답을 한 뒤의 말과 행동, 그리고 어떤 것으로 대화의 주제를 전환했는가도 몰입의 창 밖에서 일어난 일이기 때문에 관련이 없다.

한 가지 예외가 있다면 몰입의 창 안에서 시작된 말과 행동이 5초가 지난 뒤에도 계속되는 경우이다. 이 경우에 당신은 모든 말과 행동을 관련 있는 것으로 받아들여야 한다. 그가 말을 멈추고 몸을 편안히 할 때까지 말이다. 그리고 몰입의 창이 열리는 시간이 그렇게 짧은 이유는 5초 뒤에는 남자가 자신의 스트레스 반응을 진정시킬 수 있기 때문이다. 하지만 이 5초 동안의 반응은 본능적인 것이기 때문에 통제할 수 없다. 따라서 거짓말을 찾아내려는 사람에게는 최고의 기회인 것이다.

심문 받는 느낌이 들지 않도록 조심하라

직장 동료가 당신이 무언가를 훔쳤다고 의심하며 이렇게 물었다고 가정해보자.

"어제 존의 사무실에서 뭐 가져갔어요?"

당신이 무죄라면 자연스러운 반응은 아마도 "아니요. 뭐가 없어졌나요?"일 것이다. 당신을 추궁하는 동료가 당신의 대답에 만족하지 못하고 이 문제에 관해 당신을 더 압박했다고 해보자. 한 마디로 그가 도둑질과 관련된 질문을 더 많이 하면서 당신을 심문하는 것이다. 무죄인 사람들은 실제로 그들이 무죄임을 주장할 때 유죄인 사람들보다 더 화를 내는 경향이 있다. 자신을 방어하기 위해 그들과 맞서 싸운다. 그들은 거짓말 징후로 해석될 수 있는 언어적, 비언어적 행동을 할 것이다.

하지만 이것은 당신이 죄가 있기 때문이 아니라 상대가 당신을 괴롭혔기 때문이다. 결론은 질문을 한 뒤 거짓 징후가 보이지 않더라도 그 주제에 관해 더 깊이 파고드는 것을 조심하라는 것이다. 그렇지 않으면 거짓된 행동을 유발할지도 모른다.

한 가지 거짓말 징후도 중요하다

거짓말 징후가 하나 이상이라면 그것은 거짓말이 존재한다는 좋은 증거이다. 앞으로 우리는 많은 언어적, 비언어적 거짓말 징후에 대해 배우게 될 것이다. 여기서 짚고 넘어갈 것은 거짓말 징후가 한 가지 발견되었다고 해서 그것이 곧 그가 거짓말을 하고 있다는 뜻이냐는 것이다. 내가 줄 수 있는 최선의 대답은 거짓말 징후가 한 가지라도 걱정을 해야 하고 여러 가지라면 거짓말을 하고 있을 가능성이 높다는 것이다. 이것이 재판이고 당신은 배심원이라고 생각해라. 한 조각의 증거로도 유죄 판결을 하기에 충분하지만 의심을 남긴다. 하지만 증거가 여러 가지라면 의심은 사라지고 유죄 판결은 쉬워질 것이다.

몰입의 창을 이해하는 것은 매우 중요하다. 그리고 더 중요한 것은 당신이 이 귀중한 시간을 최대한으로 이용하는 것이다. 몰입의 창은 시간을 멈추고 어떤 일들을 그 어느 때보다 더 명확하게 보는 기회라는 것을 기억하기 바란다. 당신이 몰입의 창을 연습하다 보면 5초의 시간이 거짓말을 가려내는 데뿐만 아니라 일상생활의 대화에서도 유용하게 쓸 수 있다는 사실을 알게 될 것이다.

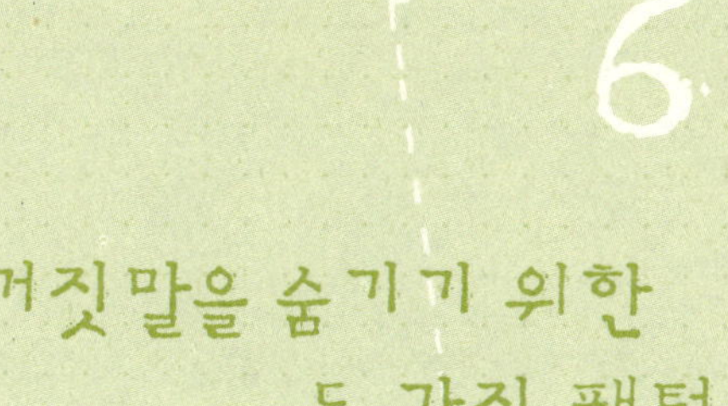

6.

거짓말을 숨기기 위한
두 가지 패턴

거짓말을 숨기기 위한

···

거짓말을 찾는 과정에서 예상치 못한 지원군을 만나게 된다. 바로 인간의 몸이다. 우리가 걱정하거나 긴장할 때, 스트레스를 받을 때 심장박동수가 빨라지고 손에 땀이 난다. 또 동공이 수축되고 얼굴이 빨개진다. 우리가 아무리 이것을 숨기려고 애써도 몸의 자율신경계는 우리의 비밀을 노출시킨다.

자율신경계는 호흡, 심장박동, 혈액순환, 발한 등 몸의 필수적인 기능을 조절하는 책임을 맡고 있다. 자율신경계는 복잡한 여러 분비선을 통해 호르몬을 분비하여 우리가 스트레스와 권태, 흥분 등 외부 자극에 적절히 반응하도록 한다.

조용하고 평화롭게 쉬는 동안 자율신경계는 분비선과 호르몬을 조절하여 몸을 자연스러운 균형 상태로 유지한다. 산소와 혈액이 원활히 순환되고 땀 분비도 정상적으로 이루어지며 더없이 행복한 항상성의 상태, 모든 것이 조화로운 상태로 균형을 이룬다. 하지만 불안을 느끼거나 육체적 위험에 맞닥뜨릴 때 자율신경계는 일명 '얼음·도주·투쟁 반응'을 시작한다. 몸이 위험에 처하면 자율신경계는 스트레스 호르몬으로 알려진 아드레날린과 코티솔을 분비하여 최고로 힘을 낼 수 있는 상태로 만든다.

얼음 · 도주 · 투쟁!

—

항상성의 상태가 깨지면 우리 몸은 산소와 혈액의 순환이 증가하고 반응속도가 향상되며 근육이 좀 더 민첩해지는 경각 상태가 된다. 몇 초 안에 우리 몸은 인지된 위험에 대항하여 완전히 얼어버리거나 생존을 위해 도망가거나 투쟁할 것이다.

이 '얼음 · 도주 · 투쟁 반응'은 어떤 모습일까? 텔레비전에서 영양을 노리는 사자를 본 적이 있는가? 평화롭게 풀을 뜯고 있는 영양의 모습을 머릿속에 그려보기 바란다. 영양은 호르몬의 화학적 균형으로 호흡과 심장박동, 근육 반응이 안정된 상태이다. 이때 갑자기 덤불 속에서 사자가 튀어나오면 영양은 즉시 선택을 해야 한다. 얼어버리거나 도망가거나 투쟁하거나. 영양의 행동에서 당신의 질문에 스트레스 받는 남자의 모습을 떠올려보라.

영양은 사자 앞에서는 얼어버리거나 투쟁하면 안 된다고 판단하여 즉시 도망간다. 자율신경계는 영양이 사자보다 더 빨리 달리는 데 필요한 모든 것을 제공한다. 심장박동이 빨라지고 폐는 더 많은 산소를 받아들이려 소화와 방광, 심지어 괄약근의 조절까지 억제한다. 땀의 분비가 활발해져 모공이 열리고, 자신을 노리고 있는 사자 외에는 다른 어떤 사물도 보이지 않는 '터널 비전tunnel vision' 현상이 나타난다. 그리고 영양의 근육은 즉각적 반사작용을 통해 더 빠르게 움직인다.

영양의 이런 즉각적이고 순간적인 반응은 훈련의 결과가 아니다. 느리고 고통스러운 진화의 과정을 겪은 영양의 조상, 그리고 살아 있는 모든 포유류 덕분이다. 이 반응은 영양의 DNA에 새겨져 있다. 우리 인간도 마찬가지다. 선사시대의 조상들도 수세기에 걸쳐 이 '얼음·도주·투쟁 반응'을 발달시켜온 것이다. 선사시대 이후로 많은 시간이 흘렀지만 우리의 스트레스 반응은 털북숭이 매머드와 검치 호랑이를 사냥하던 때와 본질적으로 같은 것이다.

왜 자율신경계가 당신의 지원군일까

우리는 스트레스에 대한 몸의 반응을 스스로 조절할 수

있을 정도로 진화하지 못했다. 이것은 내 의지와는 상관없이 일어나는 '불수의 반응'이다.

극한 상황을 경험하고 강도 높은 훈련을 받은 군인이라고 하더라도 치열한 전투를 치루거나 극심한 심문을 받는 상황에서는 심장박동이 빨라진다. 이마에 흐르는 땀과 얼굴이 빨개지는 스트레스 반응을 효과적으로 숨길 수 없다.

나 역시도 마찬가지다. CIA에서 최고의 거짓말 탐지 훈련을 받았고 거짓말의 징후들이 무엇인지 알고 있지만, 아주 가끔 거짓말을 하거나 뭔가를 숨기려고 할 때면 내 의지와는 상관없이 갑자기 심장박동수와 호흡이 빨라진다. 이때 나는 가만히 앉아 있기가 힘들어서 몸을 움직이는 경향이 있다.

나는 이 모든 징후들을 알고 있고 들키지 않으려면 그것을 숨겨야 한다는 것도 알고 있다. 하지만 이것은 나의 DNA에 깊이 각인되어 있는 불수의적인 반응이기 때문에 조절하거나 숨기는 것이 불가능하다. 이것을 숨기려고 애쓰다 보니 거짓의 징후들이 나타나는 것이다. 남자친구가 당신을 속이고 있다고 의심한 적이 있는가? 그를 압박해서 더 많은 정보를 얻어내고 싶을 때 가장 도움이 되는 지원군은 바로 자율신경계이다.

여러분 가운데 이미 누군가를 압박하고 있는 사람이 있는가? 뭔가 의심스럽거나 반대로 일이 너무 잘 풀릴 때 우리는 상대를 압박한다. 거짓말 탐지에 초짜인 애슐리조차도 처음으로 스피드 데이트 원정에 나섰을 때 네 명의 상대를 압박했다. 그녀가 상대를 압박했던 질문은 스트레스 반응을 유도하기 위해 특별히 만들어진 것이다.

- **질문1** : 바람 피워본 적이 있나요?
- **질문2** : 남자친구가 바람 피우는 것을 알았을 때 여자가 어떻게 해야 한다고 생각하세요?

이 질문의 좋은 점은 누구에게나 물어볼 수 있는 일반적인 질문인 동시에 '얼음·도주·투쟁 반응'을 유도한다는 점이다.

이미 뭔가를 의심하는 상황에서 이런 질문을 한다면 매우 사적인 질문이 될 수도 있다. 남자가 실직한 것 같을 때 아래 질문은 분명 스트레스 반응을 일으킬 것이다.

- 직장에 다니고 있나요?
- 회사 스케줄이 어떻게 돼요?

- 회사 전화번호가 뭐죠?

양다리를 걸치고 있는 것 같은 남자에게는 이렇게 물어
보라.

- 지금 누구 만나는 사람 있어요?
- 동시에 두 명을 만나는 사람에 대해 어떻게 생각해요?
- 여자친구와 헤어지기 전에 새롭게 연애를 시작해본 적
  이 있나요?

남자가 스트레스를 받으면 많은 거짓 징후가 나타난다.
하지만 누구나 이 징후를 볼 수 있는 것은 아니다. 따라서
당신에게 거짓말을 하는 사람들이 가장 많이 하는 두 가
지 거짓 징후를 소개하겠다.

몸의 수면상태

이제 당신이 상대에게서 찾아야 할 첫 번째 징후를 살펴
보겠다. 앞에서 언급했듯이 스트레스를 받으면 자율신경
계가 몸의 반응을 통제한다. 예를 들어 '원나잇 스탠드를
가져본 적이 있나요?'라고 물어봤을 때, 남자는 이 질문을

자신의 기억은행을 통해 처리하고 이해한 후 당신에게 대답한다. 보통 언어적으로 뭔가를 말할 것이다.

이 시점에서 당신이 찾아야 하는 것은 남자가 '몸으로 무엇을 말하는가'이다. 구체적으로 몸의 특정 부위들이 어떻게 움직이는지 살펴라. 당신이 이 질문을 던지기 전까지 대부분의 남자들은 가장 편안한 자세로 앉아 있을 것이다. 나는 이것을 '몸의 수면상태sleep point'라고 부른다.

예를 들어 남자의 왼쪽 발은 바닥에 놓여 있고 오른쪽 종아리는 왼쪽 허벅지 위에 올려져 있다. 또 오른쪽 팔꿈치는 테이블 위에서 쉬고 있고 오른손은 오른쪽 무릎에 놓여 있다. 왼손도 편안히 쉬고 있다. 그렇다면 이것이 그의 몸의 수면상태인 것이다. 그가 편안하고 평화로울 때, 자신의 몸을 통제할 수 있을 때 어떻게 앉아 있는가? 그는 사자가 튀어나오기 전, 평온해 보이던 영양의 모습처럼 수면상태일 것이다. 그리고 우리가 찾아야 할 것은 당신의 질문이 그의 몸에서 어떤 수면 부위를 깨우는가이다.

몸이 수면상태에서 깨어나는 것은 자율신경계가 작동하여 스트레스 반응을 유발하고 있기 때문이다. 남자가 '얼음·도주·투쟁' 중 어떤 행동을 취하는지 관찰하라. 남자가 그 질문에 위협을 느끼는 이유는 당신은 '원나잇 스탠드'를 가진 적이 있는 남자와는 만나고 싶지 않고 또 그가 그런 경험이 있을 거라 추측하기 때문에 물어보는 것이라고 생각하기 때문이다.

사람들은 위협을 느끼는 질문을 받았을 때 몸의 수면상태가 깨어나는 것을 통제할 수 없다. 다른 말로 하면 당신이 사람들에게 스트레스를 유발하는 질문을 하면 그들의 몸은 수면상태에서 자동적으로 깨어난다는 것이다.

따라서 '원나잇 스탠드'를 가진 적이 있는가라는 질문에 위협을 느낀다면 그를 관찰하는 동안 분명 몸이 수면상태에서 깨어날 것이다. 예를 들어 남자는 꼬았던 다리를 풀거나 팔이나 손가락을 움직일 것이다. 이런 움직임은 그의 몸이 질문으로 인해 느끼는 스트레스를 진정시키기 위함이다.

이때 남자의 정상상태를 기억해야 한다. 그래야 그의 움직임이 정상상태의 일부인지 수면상태에서 깨어나는 것인지 구별할 수 있다. 따라서 몰입의 창이 열리는 시간 동안 당신이 해야 할 가장 중요한 일은 그의 몸이 수면상태에서 깨어나는지 보는 것이다.

이 시점에서 당신은 찾아야 할 다른 움직임이나 비언어적 행동은 없는지 궁금할 것이다. 당신이 찾을 수 있는 비언어적 단서들은 수십 개가 있다. 이러한 단서에 대해서는 앞으로 구체적으로 설명할 것이다.

죄책감 조장

당신에게 자율신경계라는 숨은 지원군이 있지만 남자들 역시 당신을 속이는 데 사용하는 비밀병기를 가지고 있다. 바로 죄책감이다. 성차별적인 발언을 하려는 것은 아니지만 남자와 여자는 분명 다르다. 우리 모두 이것을 알고 있다. 남자와 여자가 분명하게 차이를 보이는 한 가지는 죄책감에 대한 관점이다.

감수성이 예민한 남자들도 많이 있지만 대부분의 남자들은 죄책감에 대해 여자와는 다른 관점을 가지고 있다. 라이브사이언스LiveScience.com에 '섹스의 과학'이라는 칼럼을 기고하고 있는 샐리 로우Sally Law는 이렇게 말한다.

"당신이 연인을 배신했다면 얼마나 죄책감을 느낄까? 이에 대한 대답은 배신의 종류와 당신의 성별에 따라 매우 다르다. 남자들은 성적인 배신에 죄책감을 더 느끼는 반면 여자는 감정적인 일탈에 죄책감을 더 느낀다."

내가 만난 여성들 중에는 자신이 실제로 배신하지 않았지만 배신에 대해 생각하는 것만으로도 죄책감을 느낀다는 여성들이 많았다. 그들은 또한 자신이 누군가를 잘못 비난했거나 고발을 했을 때 죄책감을 느꼈다. 남자들이 이것을 모를 것 같은가! 당신을 속이려고 작정하거나 거짓말을 해서 한 번 들킨 적이 있는 남자들은 당신이 그런 일에 죄책감을 느낀다는 것을 알고 있다. 그리고 남자들은 분명 이 점을 자신에게 유리한 쪽으로 이용할 것이다.

궁금한 것을 묻고 정직한 대답을 듣는 게 당신의 권리라는 것을 기억하기 바란다. 당신이 남자들에게 질문할 때마다 죄책감을 느낀다면, 인간의 특성상 당신은 그들에게 질문하지 않음으로써 죄책감을 피하려 할 것이다. 남자들 역시 이것을 알고 있다!

입장을 바꿔 생각해보라. 만약 남자가 당신에게 "바람 피워본 적 있나요?"라고 묻는다면 그런 질문을 한 것에 대해 죄책감을 느끼도록 만들 것인가? 아니면 당신은 격분하여 '어떻게 감히!'라고 말하며 뛰쳐나갈 것인가? 아니다. 당신은 그 질문이 고통스럽다고 하더라도 그냥 묵묵히 받아들일 가능성이 높다.

우리 모두 죄책감을 잠시 접어두고 두 번째 거짓 징후에 대해 살펴보자. 이것은 몸의 수면상태와는 달리 당신이 귀로 들어야 하는 언어적 거짓이다. 바로 죄책감을 조장하는 발언이다. 남자에게 '원나잇 스탠드를 한 적이 있나요?'라고 물을 때 당신이 기대하는 가장 전형적인 대답은 "네"와 "아니오"이다.

이러한 긍정과 부정의 대답은 직접적으로 언급될 수도 있고 매우 다양한 형태의 말로 간접적으로 표현될 수도 있다. 당신이 들을 수 있는 가장 일반적인 대답의 예를 두 가지 살펴보자.

- "아니오, 왜 물으시는데요?"
- "저는 좋은 남자예요. 당신은 정말로 제가 그랬을 거라 생각해요?"

여기서 잠깐, 누가 진실을 말하고 있을까? 당신은 둘 중에 누구라고 생각하는가? 거짓의 두 번째 징후인 '죄책감 조장'에 대한 설명을 들으면 무엇이 정답인지 분명히 보일 것이다. 죄책감 조장은 무엇인가? 죄책감 조장은 당신의 질문을 '꼬아서' 잘못한 것 자체에 죄책감을 느끼도록 만드는, 의도된 언어적 대답이다.

그렇다면 '원나잇 스탠드'를 가진 적이 있느냐는 질문에 대한 대답으로 어떤 남자가 죄책감을 조장했는가? 그렇다. "저는 좋은 남자예요. 정말로 제가 그랬을 거라고 생각해요?"라고 말한 두 번째 남자다.

당신은 아마 그가 죄책감을 조장했을 뿐만 아니라 결코 당신의 질문에 대답하지 않았다는 것을 알아차렸을 것이다. 그는 결코 "네" 또는 "아니오"라고 말하지 않았다. 그 대신 질문을 꼬아서 당신이 그 질문을 한 것 자체에 죄책감을 느끼도록 하기 위해 오히려 질문으로 되받아쳤다. 꽤 영리한 남자이지 않은가?

당신은 이런 사실을 전부터 알고 있었는가? 당신을 포함한 수백만의 여성들이 항상 이 죄책감 조장이라는 함정에 빠진다. 사실 당신 역시 다른 사람에게 거짓말을 할 때이 전략을 사용한 적이 있을 것이다. 하지만 그것이 '죄책감 조장'이라는 이름을 갖고 있다는 것은 몰랐을 것이다. 따라서 당신이 남자에게 중요한 질문을 던지고 나서 귀로 들어야 하는 것은 그가 죄책감을 조장하는 발언을 하느냐이다. 이해를 돕기 위해 죄책감 조장이 사용된 상황을 예로 들어보자.

당신은 작년에 회사에서 매우 힘든 한 해를 보냈다. 당신은 연봉을 인상할 자격이 충분히 있다고 느껴서 연봉인상 제안서를 준비해 사장을 만나러 갔다.

"사장님, 제가 작년에 이 회사를 위해 최선을 다해 일했다는 사실을 알고 계실 겁니다. 앞으로도 회사에 도움이 되도록 힘쓸 생각입니다. 사장님도 제가 더 높은 연봉을 받을 자격이 있다는 것에 동의하시리라 믿습니다. 사장님, 제 연봉을 인상해주시겠습니까?"

"자네가 회사에 기여한 바는 고맙게 생각하네. 그리고 자네가 더 높은 연봉을 받을 자격이 있다는 것도 잘 아네. 하지만 자네는 내가 심각한 경제난과 이혼 때문에 얼마나 많이 스트레스를 받았는지 알지 않는가. 지금 당장 그 문제에 대해 생각할 정신이 없네."

이렇게 죄책감 조장이 사용된 대답을 들으면, 당신은 물어볼 자격이 충분히 있음에도 불구하고 무언가를 요구한 것에 대해 죄책감을 느끼고 당신의 요구사항을 포기한다. 만약 당신이 사장에게 위와 비슷한 대답을 들었다면, 적어도 언제 연봉을 인상해줄 것인지 분명히 해달라고 요구해야 한다. 언제 상황이 바뀔지 전전긍긍하는 것보다는 낫지 않겠는가?

당신이 지금까지 상대방의 죄책감 조장에 어떻게 반응했는지 생각해보라. 그리고 그것이 당신의 데이트에 어떤 영향을 미쳤는지 앞으로 죄책감 조장에 어떻게 대처할 것인지 궁리해보자.

내 경험상 여자들은 어떤 주제를 끄집어내거나 남자를 의심해 그를 불편하게 할 때 그것에 대해 사과하는 경우가 많다. 또 "당신도 알겠지만 저는 괜찮은 남자예요, 당신은 정말로 제가 그럴 거라고 생각해요?"처럼 질문에 대답하지 않는 경우 불행히도 많은 여성들이 더 묻지 않고 거기서 멈춰버린다. 하지만 당신이 질문에 대한 답을 얻지 못했기 때문에 이것 역시 거짓말의 한 형태이다. 그렇다면 무응답으로 응수하는 남자에게 어떻게 맞서야 할까?

— 당신이 말한 것에 대해 존중해요/동의해요/감사해요/이해해요. 그래도 대답을 해줬으면 좋겠어요.
— 괜찮다면 질문을 다시 할게요:

물론 쉬운 방법은 아니지만 이렇게 대응하면 당신이 죄책감 조장에 넘어가지 않을 거라는 것과 대답하지 않고는 넘어가지 못할 거라는 사실을 남자도 깨닫게 된다.

우리는 지금 신세계에 발을 들여놓고 있다. 우리는 그저 남자가 거짓말하고 있다는 것을 아는 데서 그치지 않고 거짓말하는 순간을 잡아내는 단계로 넘어가고 있다. 이 과정에는 좌절과 회의, 심지어 장애물이 있을 것이다.

하지만 중요한 것은 여기서 시험에 드는 사람은 당신이 아니라 남자라는 사실이다. 몸의 수면상태와 죄책감 조장은 남자의 거짓말이 들통 나게 만들 것이다. 그러므로 당신은 좀더 적극적으로 그를 압박하여 두 가지 징후를 찾아야 한다.

1. **몸의 수면상태** : 남자의 움직임이 정상상태의 일부인지 수면상태에서 깨어나는 것인지 구별하라.

2. **죄책감 조장** : 당신이 질문을 꼬아서 질문한 것 자체에 죄책감을 느끼도록 만드는 언어적 대답이다. 여기서 멈추지 말고 정중하게 다시 질문하라.

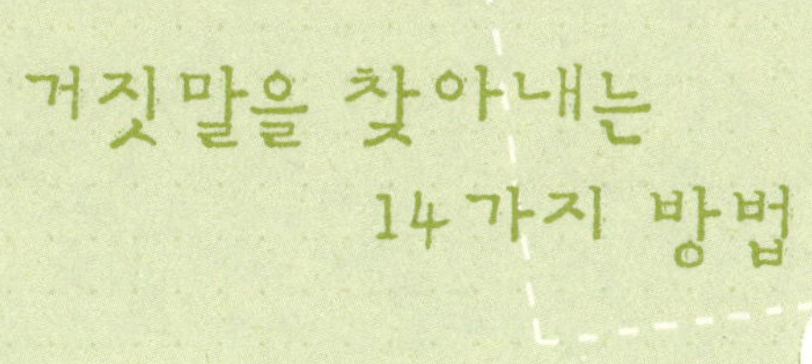

거짓말을 찾아내는 14가지 방법

. . .

이제 노력의 성과를 거둘 때이다! 당신은 데이트에서 남자가 왜 거짓말을 하는지 남자가 거짓말을 할 때 어떻게 행동하는지 잘 알고 있다. 또 마음을 리셋하는 법과 진실과 거짓을 가려내기 위해 5초 동안 몰입하는 법도 기억할 것이다. 남자의 정상상태와 비정상상태를 구별하는 법과 죄책감 조장의 대처법을 익힌 당신은 유리한 고지에 서게 되었다.

7장과 8장에서 우리는 언어적, 비언어적 거짓의 모든 것에 대해 배울 것이다. 거짓말을 제대로 간파하려면 꼭 알아야 하는 것으로 이 과정에서 당신은 거짓말의 충분한 예를 접하게 될 것이다.

남자의 거짓말을 아는 것만으로는 부족하다. 이제 행동으로 옮겨야 할 때이다. 지금까지 배운 기술들을 사용해서 더 이상 기만당하지 않도록 거짓말하는 순간을 잡아내야 한다. 홀로 거짓말 탐지에 나서기 전에 기억해야 할 것은 거짓에는 언어적 거짓과 비언어적 거짓이 있다는 것이다.

스트레스 신호를 찾아라

—

언어적, 비언어적 거짓에서 당신이 찾아야 하는 것은 스트레스 반응이다.

《영향력의 축^{Axis of Influence}》의 공동저자이자 '사람을 읽는 법'이라는 블로그를 운영하고 있는 팸 할로웨이^{Pam Holloway}의 말을 들어보자.

"거짓말 탐지는 상대의 정상상태가 변하는 것을 인식하는 것입니다. 거짓말의 대가나 정신병자라면 모를까 대부분의 사람들은 거짓말하는 것을 스트레스로 여깁니다. 따라서 가장 먼저 찾아야 하는 것이 '스트레스 신호'입니다. 스트레스 신호는 자세와 움직임, 얼굴 표정, 말 등으로 나타납니다."

이것이 우리가 남자의 정상상태를 알아내기 위해 많은 시간을 할애해야 하는 이유이다. 이미 우리는 남자의 정상상태를 알기 위해서는 그를 편안하게 해주어야 한다는 것, 눈과 귀, 보기와 듣기를 리셋해야 한다는 것, 몰입의 창을 열고 거짓을 찾아내야 한다는 것을 알고 있다. 이제 당신을 속이려는 남자에게서 구체적으로 무엇을 찾아야 하는지 살펴볼 차례이다.

언어적 · 비언어적인 거짓 단서

―

"거짓말쟁이들은 사실들의 일관성을 유지하고 믿을 수 있는 이야기를 만들어서 상대가 꼬치꼬치 캐묻는 것을 잘 버텨야 한다. 사람들은 진실을 말할 때 상대가 그것을 확실히 이해하도록 모든 노력을 다한다. 반면 거짓말쟁이들은 다른 사람들의 인식을 마음대로 조종하려고 한다. 그 결과 거짓말쟁이들은 의도치 않게 언어적, 비언어적인 거짓 단서를 흘린다."

이는 조 내버로Joe Navarro와 존 R. 샤퍼John R. Schafer가 FBI에서 발행하는 월간지에 '거짓말 탐지'라는 제목으로 기고한 글에서 몇 구절을 인용한 것이다.

언어적 거짓과 비언어적 거짓. 남자들의 언어적 거짓이란 그들의 말, 질문에 대한 대답, 심지어 질문에 대한 반응으로 내는 작은 소리도 해당된다. 여성들이 나에게 "그가 나에게 거짓말을 하고 있나요?"라고 물을 때 그들은 그저 남자들의 언어적 거짓만을 해석해주기를 바란다. 하지만 그것은 그렇게 간단하지 않다.

초반에 나는 스피드 데이트 행사에 나가는 애슐리에게 남자들이 말하는 내용을 들어야 하는 동시에 그들이 말하는 방식도 관찰해야 한다고 말했다. 다시 말해서 그녀는 비언어적 거짓 단서 역시 찾아야 했다. 비언어적 거짓 단서에 대해서는 8장에서 좀더 자세히 살펴볼 것이다. 일단 지금은 남자들이 하는 말, 그들이 그렇게 말하는 이유, 말 속에 숨겨진 의미에 대해 집중적으로 살펴보겠다.

"'원나잇 스탠드'를 맺은 적이 있느냐는 게 무슨 뜻이죠?"라고 당신의 질문을 반복하는 것이 남자들의 가장 흔한 언어적 거짓 중에 하나라는 것을 알고 있는가? 일명 '지연 전략'이다. 당신이 그에게 심각한 질문을 했을 때 그가 갑자기 '종교적'으로 변한다면 어떨까? "신에게 맹세하는데……." 또는 "바람 피우는 것은 제 종교에 어긋납니다." 이것은 남자가 언어적 거짓을 사용하고 있다는 또 다른 단서이다. 바로 '종교 앞세우기'.

먼저 남자의 정상상태를 찾아라

언어적 거짓의 종류에 대해 살펴보기 전에 당신에게 다시 한번 강조하고 싶다. 당신은 처음부터 질문으로 그를 당황하게 하지 말아야 한다. 당신이 가장 먼저 해야 할 일은 무엇일까? 사소한 질문이나 일상적인 대화로 그를 편안하게 만들어야 한다. 우리는 왜 이렇게 해야 할까? 먼저 그의 정상상태를 알아야 하기 때문이다.

그가 편안할 때 손을 어떻게 하고 있는지, 어떻게 앉아 있는지 알지 못한다면, 중요한 질문을 했을 때 그가 손을 어디에 둬야 할지 모른다거나 앉아 있는 자세를 바꾼 점만 보고 '아하! 손을 가만히 두지 못하는군. 나에게 거짓말을 하고 있는 거야'라고 오판할 수도 있다.

당신이 진실한 상대방을 오해하고 있는 것이라면 좋겠지만, 불행히도 여러 기술을 사용하기 전까지는 결코 확신할 수 없는 노릇이다. 또 오해의 소지를 없애기 위해서 당신은 이러한 기술을 논리적이고 현실적으로 그리고 단계적으로 사용해야 한다. 다시 한번 말하지만 정상상태를 찾아야 한다는 것을 항상 명심하라. 질문을 던지기 전에 적어도 몇 분은 그의 정상상태를 알아내는 데 할애하라.

기억해야 할 다섯 가지

—

남자가 당신에게 거짓말을 하는 것이 당신의 잘못은 아니지만, 그가 진실을 이야기할 때도 그것을 거짓이라고 오해하는 경우에는 당신의 잘못이다. 어떻게 그럴 수 있냐고? 간단하다. 당신이 남자를 너무 오래 괴롭히면 그는 방어적으로 나오거나 호흡이 빨라지는 것 같은 거짓 징후를 나타내기 때문이다.

당신이 범인을 심문하듯 남자를 구석으로 몰아넣으면 제대로 된 결과를 기대하기 어렵다. 그렇기 때문에 다섯 가지 단계가 필요한 것이다.

1. 정신 차리기
2. 남자를 편안하게 만들기
3. 그의 정상상태를 파악하기
4. 중요한 질문은 마지막에 하기
5. 입 다물고 듣기

마지막 단계가 무례하게 들릴지도 모르지만 그만큼 중요하기 때문에 극단적으로 표현했다. 당신이 남자의 대답

을 면밀히 분석하고 싶다면 한 걸음 물러서서 그의 대답
을 들어야 한다. 남자를 구석으로 몰아넣으며 그를 괴롭히
고 겁먹게 한다면 아무리 정직한 남자라도 거짓말하는 것
처럼 보일 것이다.

두 가지만 명심하자. 남자를 괴롭히지 말기. 질문을 하
고 그가 대답할 때까지 조용히 기다리면서 관찰하기.

언어적 거짓의 14가지 종류

—

이번 장에서 나는 가장 흔한 언어적 거짓의 14가지 종류
를 소개할 것이다. 그리고 이해를 돕기 위해 구체적인 예
도 함께 제시할 것이다.

1. 엉뚱한 대답

거짓말을 찾는 과정에서 엉뚱한 대답처럼 좌절을 안겨주
는 것도 없다. 엉뚱한 대답을 하는 경우는 질문을 완전히
피함으로써 그 주제에서 벗어나려는 것이다. 이것은 침
묵과도 같은 지연 전략이 아니다. 당신은 아예 대답을 들
을 수 없다.

이런 종류의 언어적 거짓에 능숙한 남자들은 엉뚱한 대답을 연발하는데 심지어 당신은 무엇을 물어 봤는지 기억조차 할 수 없는 정도가 된다! 엉뚱한 대답에는 아래와 같은 것들이 있다.

– 좋은 질문이군요.

– ……라고 물어봐줘서 고마워요.

– 대답하기 전에 음료수 한 잔 더 하시겠어요?

– 잠깐만요. 종업원이 어디로 간 거죠?

– 누구요? 저요?

– 저한테 묻고 있는 건가요?

당신은 특히 마지막 예가 죄책감 조장처럼 들린다는 것을 알아챘을 것이다. 엉뚱한 대답에 넘어가지 않기 위해서는 질문을 명확하고 간결하게 해야 한다. 질문이 명확하고 간결할수록 엉뚱한 대답을 하기 힘들어진다.

마지막으로 그의 엉뚱한 대답에 맞서는 것을 두려워하지 마라. 그가 계속 질문을 피한다면 "제 질문에 대답해주면 좋겠군요" 또는 "제 질문에 대답하지 않으셨는데요"라고 분명하게 말하라. 또 그가 당신에게 다시 질문을 해달라고 하면서 대답을 지연하거나 피하려 한다면 기꺼이 다시 한번 질문하길 바란다!

2. 변명

변명은 말하자면 거짓말하는 남자의 일용할 양식과 같다. 거짓말을 하는 남자들은 변명을 하는 데 너무 익숙해서 결국에는 그것이 제2의 천성처럼 되어버린다. 남자가 변명을 더 많이 늘어놓을수록 그 주제에서 벗어나려는 것이고 무엇보다 질문에 대답하는 것을 완전히 피하려는 것이다.

변명하면 아이를 학대하는 아버지의 전형적인 모습이 떠오른다. 이들은 아이를 때린 적이 있냐고 물으면 이렇게 대답한다.

"사실 집에서 엄격한 사람은 제 아내입니다. 먹고 살자고 일을 두세 개씩이나 하는데 누굴 때릴 시간이라도 있겠습니까?"

이 대답은 전부 변명이다. 그는 질문에 '그렇다' 또는 '아니다'라고 대답하지도 않고 그저 아내 탓만 하려고 한다. 엄한 사람은 아내지, 자신이 아니라고 말하며 아이가 맞았다면 누가 범인일지 한번 생각해보라고 묻는다. 그는 결코 "아니오, 나는 아이들을 때리지 않았습니다"라고 말하지 않을 것이다. 대신 그들을 때리기에는 '너무 많은 일을 하고 있다'고 변명만 할 것이다.

물론 이것은 극단적인 경우지만 내가 무슨 말을 하려는지 알 수 있을 것이다. 당신이 남자친구에게 사무실로 전화했는데 그의 이름을 아무도 알지 못하더라고 묻는다면, 그는 이런 말을 할지도 모른다.

"그 멍청이들은 자기 이름조차 제대로 기억하지 못할 걸? 그리고 몇 번으로 걸었다고? 내가 직통 전화번호를 알려줬잖아. 그리로 걸라고 말이야. 대표전화로 걸어선 안 돼. 전화 받는 애들이 바보 같다고……."

이번에도 그것은 대표전화를 받는 사람의 잘못이며 잘못된 번호로 전화를 건 당신의 실수이다. 변명을 하는 남자는 솔직하게 부정하지 않는다. 왜냐하면 그럴 경우 그는 실제로 거짓말을 해야 하기 때문이다. 변명은 두루뭉술하게 넘어가는 언어적 거짓으로 많은 남자들이 흔하게 사용하는 방법이다.

- 절대 그럴 리 없어, 나는 너를 사랑해…….
- 난 당신뿐이야. 한눈 팔 필요가 없다고…….
- 난 도둑이 아니야, 난 돈이 필요하지도 않아…….

- 난 의사야. 사람들을 해치는 것이 아니라 치료한다고.

- 당신에게 내가 원하는 모든 게 있는데 내가 왜…….

3. 지연

거짓말은 힘든 일이다. '여러 명의 여자를 동시에 만나거나, '원나잇 스탠드'를 자주 갖거나, 조작된 이력서로 입사 지원을 하는 것이 더 쉽겠다'라고 생각하는 사람들은 분명 전에 그런 일을 해본 적이 없는 사람일 것이다. 거짓말을 하는 남자들은 자신들의 삶을 더 어렵게 만들려고 거짓말을 하는 것이 아니라 더 쉽게 만들기 위해 하는 것이다. 따라서 거짓말의 수가 적을수록 더 좋은 것이다.

거짓말을 하지 않고 상대를 속이는 언어적 거짓 중에 하나가 바로 '지연'이다. 지연은 남자가 거짓말할 시간을 벌기 위해 쓰는 방법이다. 이는 더 나은 거짓말과 더 멋진 이야기를 지어내거나, 단순히 시간을 지연함으로써 그 주제를 피할 수 있기를 바라거나, 당신을 혼란스럽게 하거나, 그 질문을 합리화해서 치워버리는 것이다. 남자가 실제로 대답해야 하는 질문이 적을수록 그가 당신에게 해야 하는 거짓말도 줄어드는 것이다. 남자들이 당신을 속일 때 쓰는 지연 방법을 몇 가지 소개하겠다.

 | 대답을 지연하는 가장 간단한 방법 중 하나는 그냥 질문을 반복하는 것이다. 이때 남자들은 질문을 이해하기 쉽게 풀어서 말하기도 하지만 질문 자체를 그대로 반복하기도 한다. 남자들은 비웃는 목소리로 또는 방어적으로 이렇게 말할 것이다.

- '원나잇 스탠드'를 갖은 적이 있냐고요?
- 여자 친구를 두고 바람 피운 적이 있냐고요?
- 직장에서 해고됐냐고요?
- 부모님과 함께 사냐고요?

못 들었다고 변명하기 | 남자가 당신의 질문에 대한 대답을 지연할 수 있는 또 다른 방법은 못 들었다고 변명하는 것이다. 한 마디로 귀먹은 척하는 것이다. 그들은 귀에 손을 갖다 대며 질문을 다시 해달라고 말할지도 모른다. 그들은 아무 말도 하지 않고 자신의 귀를 가리킨 후 건너편에 있는 밴드나 시끄러운 옆 테이블 같은 것을 가리킬지도 모른다. 이 방법을 사용하는 남자들은 이렇게 말할 것이다.

- 뭐라고요?

— 여기 너무 시끄럽네요. 다시 말해주겠어요?

— 제가 제대로 이해했는지 모르겠네요. 좀더 조용한 곳으
로 가서 따로 얘기할래요?

시간 벌기 ı 지연의 일종으로 시간 벌기가 있다. 다시 말해서 당신의 질문에 바로 대답하는 대신에 말도 안 되는 요구로 시간을 벌지도 모른다.

— 여기서 그런 얘기를 해야 하는지 잘 모르겠군요.

— 와우, 저녁식사 뒤에 얘기할 수 있을까요?

— 음, 그 질문에 대답하기가 쉽지 않군요.

— 생각할 시간이 좀 필요하군요.

합리화 ı 합리화는 지연의 가장 주된 방법이다. 남차 역시 당신이 이런 질문을 어렵게 꺼냈다는 것을 알고 있다. 그는 당신이 이미 죄책감을 느끼고 있고 자신의 대답이 당신에게 많은 의미를 갖는다는 것도 안다. 따라서 그는 다소 철학적인 방법으로 자신의 대답을 합리화함으로써 연막을 칠 수도 있다.

– 그건 당신의 관점에 따라 달라지겠죠.

– 어떤 사람들은 그렇게 생각할지도 모르지만…….

– 어떤 곳에서는 그것을 금기시 하죠.

– 제가 자란 곳에서 그런 일은 대단한 일이 아니에요.

구체적으로 말해달라고 하기 ┃ 남자가 "당신의 질문은 비합리적이고 분명하지 않으며 요점이 없다"라고 말하는 경우 그는 문제의 중심에서 벗어날 수 있다. 뿐만 아니라 당신 스스로 질문을 철회할 정도로 위축되게 만들 수 있다. 남자가 질문을 피하고 싶을 때, 당신에게 좀더 구체적으로 말해달라고 요구하는 경우가 많다.

– 하고 싶은 말이 뭐죠?

– 뭘 알고 싶어서 그러는 거죠?

– 좀더 구체적으로 말해줄 수 있어요?

– ……에 대해 저에게 묻고 있는 건가요?

이때 그의 정상상태를 염두에 두어야 한다. 어떤 남자들에게 지연은 대화 방식의 일부인 경우도 있다. 내 친구 중에도 대답하기 전에 모든 질문을 반복하는 친구가 있다. 이

것은 그가 거짓말을 하고 있다는 뜻이 아니다. 그저 그에게
편한 대화 방식인 것이다. 예를 들어 "내가 마지막으로 휴
가 갔던 게 언제였지? 맙소사, 내 생각에는 그게……" 또는
"어디 보자. 내가 오일을 교체한 게 언제였더라? 와, 내 생
각에는……" 이렇게 모든 질문을 반복한다.

그의 반응이 정말로 지연인지 아니면 그냥 일상적인 대
화 방식의 일부인지 판단하기 위해서는 정상상태가 무엇
인지 아는 게 가장 중요하다.

4. 죄책감 조장

앞에서 죄책감 조장에 대해 자세히 다뤘지만 여기서 다시
한번 언급하고자 한다. 왜냐하면 죄책감 조장은 상대의 죄
책감이나 불편함을 자신에게 유리하게 이용하는 효과적
이고 보복적인 방법이기 때문이다.

여기서 시험에 드는 것은 당신도 그도 아니라는 것을
기억하기 바란다. 14가지 언어적 거짓에 대해 모두 알고
있다고 하더라도 당신이 그저 진실을 알기 위해 질문하는
것에 대해 죄책감을 느낀다면 아무 소용이 없다.

남자의 노골적인 추궁과 질문은 모두 죄책감 조장의
분명한 징후이다. 그리고 적절히 대처해야 하는 거짓의

잠재적 징후이다. 오히려 죄책감을 느껴야 할 사람은 거짓말을 하는 남자이다. 그들에게 맞서는 것을 두려워하지 마라.

남자가 원하는 것이 당신과 친해지는 것이라면 당신은 그에게 사적인 질문을 할 자격이 있고 당신의 궁금증을 해소할 권리가 있다. 그리고 그가 당신에 대해 더 알기를 원한다면 그는 노력해서 당신의 신뢰를 얻어야 한다. 사실 이러한 것들은 인간의 기본적인 권리이다. 아래와 같은 죄책감 조장 기술을 경계하고 적절하게 대처하기 바란다.

− ……는 당신이 상관할 바가 아닙니다.

− 저한테 거짓말 탐지기라도 연결할 기세군요.

− 당신을 이렇게 만든 게 뭐죠?

− ……라는 말을 하시다니 저 상처 받았어요.

− 저는 당신이 저를 믿는 줄 알았는데요.

− 어떻게 제가 그럴 거라고 생각할 수 있죠?

− 왜 사람들은 다른 사람을 믿지 못할까요?

− 당신에게 결코 거짓말하지 않을 거란 걸 알고 있죠?

− 당신은 저를 음해하려는 사람들의 말을 믿고 있군요.

− 그들이 그런 얘기를 지어냈다는 걸 믿을 수 없군요.

- 당신은 누구 편이죠?

- 저는 우리 사이가 괜찮은 줄 알았는데요.

- 우리 관계가 발전하고 있는 중이었잖아요.

- 당신이 ……을 헷갈린 거예요.

- 당신이 ……을 오해한 거예요.

- 우리 관계를 망치려고 하는 건가요?

- 제가 왜 당신에게 거짓말을 하겠어요?

5. 상황 뒤집기

이 부분은 내가 가장 좋아하는 언어적 거짓이다. 바로 상황 뒤집기! 상황 뒤집기는 당신 쪽으로 테이블을 뒤집으려 하는 것과 비슷하다. 어떻게 보면 상황 뒤집기에는 죄책감 조장도 포함되어 있다. 어떻게든 기분이 상했다는 것을 보여주며 자신에게 유리한 상황으로 만들려는 노골적인 수작인 것이다.

상황 뒤집기는 자신이 중심에서 벗어나 당신을 중심에 놓으려는 계략이다. 말하자면 '잡았다, 네가 술래야'와 비슷하다. 이 방법을 사용하면 남자들은 질문에 대답할 필요가 없고 대답하지 않는다고 해서 나빠 보이지도 않는다.

상황 뒤집기에는 다양한 형태가 있다. 상황 뒤집기의

여러 형태와 그 예에 대해 자세히 살펴보자.

추궁 ㅣ 이것은 자신들을 추궁했다는 점에 대해 '어떻게 감히'와 같은 반응으로 질문을 기분 나쁘게 받아들이는 것이다. 그는 오히려 당신을 추궁함으로써 상황을 역전시켜 문제의 중심에서 벗어나려고 한다.

- 제가 그랬을 거라 생각하는 거죠?
- 왜 제가 그랬을 거라고 생각하죠?
- 왜 그걸 알고 싶어 하죠?
- 제가 말하지 않은 것을 고백하길 바라나요?
- 당신은 내가 그랬다고 거짓말하기를 바라나요?

합리화 ㅣ 합리화를 사용하는 남자들은 간단히 상황을 뒤집고 당신을 나쁜 사람으로 보이게 만든다. 이 방법을 통해 그는 비난을 면하고 진실의 부담에서 벗어나려는 것이다.

- 나는 논리적인 사람입니다……
- 잠깐 논리적으로 생각해보죠……
- 그건 말이 되지 않아요……

- 내가 ……했다는 것은 말도 안 됩니다.

방어적인 대응 | 방어적인 남자는 거짓말하는 남자인 경우가 많다. 방어적인 반응은 진실이 노출되었을 때 나오는 반사적 행동이다. 방어적인 남자는 자신이 불리할 때 진실을 피한다. 따라서 자신을 격하게 방어하여 상황을 뒤집는 방식을 취한다.

- 내가 ……했다면 증명해보세요.
- 나는 이미 ……라고 대답했습니다.
- 나는 ……에 대해서 대답할 필요가 없습니다.
- 그 질문에 대답해서 제 명예를 잃고 싶지 않군요.

영문을 모르겠다는 반응 | "뭐라고요? 누구, 저요? 도대체 그런 생각은 어디서 나온 거죠?" 영문을 모르겠다는 이 남자는 진실을 말하고 있는 것일까? 아니다! 영문을 모르겠다는 반응은 전형적인 상황 뒤집기이다. 당신은 영문을 모르겠다며 순진한 척하는 남자의 거짓말에 다시 눈이 멀 수도 있다. 그런 남자들은 이렇게 말할 것이다.

- 제가 ……를 안다는 건 불가능한 일입니다.
- 제가 ……에 대해 알고 있을 거라고 생각하는 건가요?
- 제가 어떻게 ……에 대해 알 수 있겠어요?
- 도대체 그런 생각은 어떻게 하게 된 거죠?

철학자 | 보통 우리는 '철학자' 하면 모든 종류의 거대하고 탐구적인 질문을 안고 허공을 바라보는 사람을 상상한다. 하지만 이런 행동은 관심을 당신 쪽으로 돌리려는 의도다.

- 제가 그렇다고 말한다면요?
- 만약 누군가가 그랬다면 당신은 어떨까요?
- 제가 그런 행동을 했던 친구에 대해 당신에게 말한다면 당신은 그를 어떻게 생각할까요?

협상가 | 협상은 상황 뒤집기의 독특한 형태로 질문을 무사히 피해가는 동시에 체면을 지킬 수 있는 방법이다. 실제로 거짓말쟁이들은 협상을 좋아한다. 이것은 기 싸움이다. 협상가들은 결과와 상관없이 자신이 항상 승자라고 생각한다. 던진 미끼를 당신이 물지 않거나, 그들의 계략을 꿰뚫어 봄으로써 다음 데이트를 거부한다 하더라도 여전히

승자라고 생각한다. 다음에 자신의 미끼를 무는 누군가가 있기 때문이다. 협상하는 남자들은 이렇게 말한다.

— ……에 대해 이야기하는 것은 저한테 좋을 것 같지 않군요.
— 이 얘기는 나중에 할 수 있을까요?
— 그것을 대답하기 위해서는 당신을 좀더 알아야 할 필요가 있겠어요.
— 제가 대답하지 않겠다고 한다면요?

편집증 | 부담스러운 질문을 할 때 남자가 갑자기 편집증적으로 행동한다면 특별히 경계해야 한다. 특히 그 질문을 던지기 전까지 그가 편안하고 평범하게 행동했다면 말이다. 하지만 이런 종류의 편집증은 상황 뒤집기를 사용하고 있다는 징후일 뿐이다. 즉, 문제의 중심을 당신 쪽으로 옮기려는 것이다.

— 제가 왜 그러겠어요?
— 왜 그런 생각을 하게 된 거죠?
— 어디서 그 얘기를 들은 거죠?

게 미안한 마음을 느껴서 질문을 그만하기를 바란다.

- 이런 일이 있을 줄 알았어요.
- 내가 그랬다고 당신이 생각할 줄 알았어요.
- 왜 당신은 그런 걸 알고 싶어 하죠?

절대주의자 ⌐ 절대주의자에게는 회색지대란 없다. 그들에게
삶은 맞거나 틀리거나, 좋거나 나쁘거나 둘 중 하나다. 이
런 흑백의 세계에 갇힌 사람들은 이런 말을 할 것이다.

- 나는 그것을 절대적으로 부인합니다.
- 저는 결코 ……에 대해 거짓말을 하지 않습니다.
- 저는 거짓말을 못합니다.
- 당신은 나보다 정직한 사람을 만날 수 없을 겁니다.

6. 질문을 이해하지 못했다는 변명

나는 남자들이 세상에서 가장 똑똑한 사람인 것처럼 행동
하다가도 '원나잇 스탠드를 가진 적이 있는가?'처럼 단순
한 질문을 받는 순간 갑자기 말 뜻을 이해할 수 없다는 듯

이 행동하는 것을 보며 항상 놀라웠다. 거짓말쟁이들은 스포츠, 정치, 영화 등 모든 주제를 넘나들며 뛰어난 말솜씨를 자랑하다가도 위와 같은 단순한 질문을 하면 갑자기 '무슨 말인지 모르겠다'는 표정을 짓는다.

보통 남자들이 질문을 이해하지 못했다고 말하는 것은 그저 대답하고 싶지 않다는 의미이다. 이 역시 질문에서 벗어나고자 하는 전략이다. 이 전략에는 약간의 지연도 포함되어 있다. 질문을 이해하지 못했다고 주장하는 남자들은 이런 말을 한다.

- 제가 뭘 했다고요?
- 묻고 싶은 게 뭐죠?
- 질문의 요점을 잘 모르겠군요.

물론 앞에서도 말했듯이 이런 종류의 언어적 거짓을 피하는 가장 좋은 방법은 그가 이렇게 행동할 가능성을 애초에 막는 것이다. 짧고 분명하게, 간결하게 질문을 해라. 그러면 "네?" "뭐라고요?" "질문을 이해 못했어요" 같은 대답이 나올 가능성이 줄어들 것이다.

그가 갑자기 머리를 긁적이며 당신의 난처한 질문을 이

해하지 못한 것처럼 행동한다면 질문을 간결하게 다시 해라. 그가 대답할 때까지 질문을 반복해라. 남자의 변명을 피하는 가장 좋은 방법은 애초에 그에게 변명할 여지를 주지 않는 것이다.

7. 기억상실

기억상실은 남자가 어떤 주제를 피하고자 할 때 사용하는 아주 효과적인 '면책특권'이다. 이것은 지나치게 구체적으로 설명을 늘어놓는 남자의 경우와는 반대로 갑자기 아무것도 기억하지 못하는 것이다. 하지만 기억상실의 미덕은 그것이 선택적이라는 것이다. 그는 난처한 질문에 대해서는 전혀 기억하지 못하지만 사소한 질문에 대해서는 아주 세세한 것까지 기억한다. 특정 질문에 대해서만 기억이 흐릿한 것이다. 남자는 정말로 대답하고 싶지만 기억이 나지 않아 안타까운 것처럼 행동한다. 기억상실은 매우 다양한 형태로 표현될 수 있지만 여기서는 몇 가지만 소개하겠다.

― 그 부분은 기억이 나지 않네요.
― 어디 생각해 볼게요…….
― 제 기억으로는…….

- 다이어리를 확인해봐야 하는데 지금 갖고 있질 않네요.
- 설마 모든 것을 기억할 거라 생각하는 건 아니죠?

8. 핑계

당신을 속이려는 남자들은 제멋대로인 아이들과 크게 다르지 않다. 우리 모두 어릴 적 학교에 가기 싫거나 교회에 가기 싫을 때 핑계를 늘어놓은 기억이 있을 것이다.

"배가 아파요."

"신부님이 무서워요."

"운동장이 너무 미끄러워서 넘어질지도 몰라요."

한 번 성공했던 핑계는 또다시 성공하는 경우가 많다. 상황에 맞는 핑계는 원치 않는 상황에서 빠져나올 수 있는 꽤 좋은 방법이다.

거짓말을 하는 남자들도 마찬가지다. 다만 남자들은 원치 않는 상황에 빠지거나 진실을 요구받을 때 적당한 선에서 핑계를 멈추는 법을 모를 뿐이다. 당신이 난처한 질문을 한 뒤 남자가 갑자기 실내 온도나 시끄러운 음악 소리, 형편 없는 서비스 등에 대해 핑계대기 시작하면 경계하기 바란다. 여기 몇 가지 종류의 핑계가 있다.

- 여기는 너무 덥군요. 정말 불편한데요.

- 몸이 좋지 않네요.

- 너무 피곤하네요. 다음에 볼 수 있을까요?

- 머리가 꽝꽝 울리네요.

　흥미로운 점은 이런 남자들은 당신이 본론에 들어가자마자 핑계를 대기 시작한다는 것이다. 유쾌한 잡담을 주고받는 동안에는 편안하던 사람이 갑자기 불평과 핑계를 늘어놓는 것이다. 당신이 본론으로 들어가 정절이나 배신, 고용상태 등 어떤 심각한 질문을 하는 바로 그 순간 갑자기 핑계가 속사포처럼 쏟아져 나올 것이다.

- 여기 실내 공기는 좀 탁하네요.

- 너무 목이 말라요. 물 좀 갖다 줄 수 있어요?

- 어디 더 조용한 곳으로 갈 수 있을까요?

- 여기선 당신의 말 소리조차 듣기 힘들군요.

　그의 정상상태가 무엇인지 기억하라. 그가 원래 투덜거리는 남자라면 그것이 거짓말을 하고 있다는 단서가 아닐 수 있기 때문이다. 하지만 당신이 그를 압박하기 전까지는 자연스럽고 편안하다가 갑자기 투덜대기 시작한다면, 그 것은 당신을 속이고 있다는 분명한 경고 신호이다.

9. 종교 내세우기

당신이 난처한 질문을 시작했을 때 갑자기 종교를 찾는 남자를 본 적이 있는가? 종교를 내세우는 것은 상대를 따 돌리기 위한 전형적인 수법이다.

- 신에게 맹세코…….
- 저는 독실한 신자입니다. 저는 ……하지 않아요.
- 그건 제 종교에 어긋나는 행동입니다.
- 제 믿음이 ……을 결코 허락하지 않아요.

이것은 또 다른 종류의 무응답이다. 그들은 질문에는 대답하지 않고 '신이 나의 증인'이라고 호소하며 무죄를 가장할 뿐이다. 질문에 대답할 때 갑자기 신을 찾는 남자 는 경계해야 한다. 특히 그가 방금 전까지만 해도 그다지 종교적으로 보이지 않았을 때는 더욱 조심해야 한다.

10. 구구절절한 이야기

진실한 남자는 그냥 솔직하게 당신의 질문에 대답한다. 굳이 진실과 관련된 이야기를 들려주려고 하지 않는다. 하지만 거짓말을 하는 남자는 진실을 말하는 대신에 그와 관련된 이야기를 구구절절이 들려주고 싶어 한다. 진실의 부재를 구구절절한 이야기로 대체하려는 것이다. 질문에 대한 대답으로 그 이야기가 필요 없는 데도 말이다.

써드 디그리 커뮤니케이션즈^{Third Degree Communications, Inc.}의 사장인 폴 프랑수아^{Paul Francois}와 엔리케 가르시아^{Enrique Garcia}는 남자들이 왜 구구절절이 이야기를 늘어놓는지를 다음과 같이 설명한다.

"죄가 있는 사람은 질문이 요구하는 것보다 더 많은 정보를 제공한다. 그는 주제와 관련이 없는, 자신이 하고 싶은 이야기만 길게 늘어놓는다."

이것은 지연 전략이기도 하지만, 자신이 횡설수설하는 사이에 당신이 질문을 잊어버려 그가 원하는 방향으로 상황이 바뀌기를 바라는 것이다.

거짓말하는 남자는 여자들이 세부사항에 관심이 많다는 것을 경험으로 체득했다. 거짓을 찾기보다는 세부사항에 관심이 많은 여성들에게는 그들의 속임수가 분명 성공

했을 것이다. 그들은 과거에 장황한 이야기로 위기를 모면한 경험이 있기 때문에 이번에도 모면할 수 있기를 바란다. 하지만 더 이상은 안 된다. 당신은 그의 전략을 꿰뚫어봐야 한다. 장황한 남자들은 이런 식으로 말할 것이다.

— 저는 제이크와 토마스와 존과 볼링을 치고 있었어요. 그리고 첫 번째 게임에서 126점을 땄죠. 그리고 밀러라이트를 피처로 마셨죠. 1+1 행사를 하고 있었거든요.
— 내가 어디 있었냐는 게 무슨 뜻이야? 나는 4시 36분부터 6시 14분까지 당신에게 16번이나 전화했어. 당신 전화가 꺼져 있었던 게 틀림없어.
— 늦게까지 일했어. 수지와 할과 샘도 같이 있었지. 내가 얼마나 오래 있었는지 그들한테 물어봐.
— 저는 2월 23일 저녁 8시에 키로스로 저녁을 먹으러 갔습니다.

다시 한번 말하지만 어떤 사람들은 말하는 것 자체를 좋아하는 경우도 있다. 이들이 장황하게 이야기를 늘어놓는 것은 그저 대화 방식의 한 부분일 뿐이다. 우리 주변에는 "어제 저녁 먹으러 어디 갔어?"라고 물으면 간단하게 "애플비"라고 말하는 대신에 쓸데없이 길게 대답하는 친구들이 한두 명씩은 있을 것이다. "음, 집에서 먹으려고 했는데 내가 마르타한테 나가서 먹자고 말했지. 우리는 랭커스터 동쪽으로 차를 타고 가서 베스트 바이 옆에 있는, 얼마 전에 문을 연 작은 초밥집에 갈까 생각했지만 별로 당기지가 않더라고. 전날 점심에 고객과 초밥을 먹었거든…."

이 모든 것이 사실이기는 하지만 우리가 그것을 다 알아야 할 필요는 없다. 내가 강조하고 싶은 말은 그의 정상 상태를 확인해야 한다는 것이다. 그가 원래 말이 많은 사람이라면 지나치게 설명이 장황하다고 해서 거짓말을 하고 있다고 판단할 수는 없을 것이다. 하지만 질문 전까지는 그의 모든 대답이 짧았고 당신이 배신이나 실직에 관해 묻자 갑자기 그가 주절주절 떠든다면 그것은 적나라한 적신호다.

11. 칭찬

남자들은 속마음을 들추는 질문을 할 때까지 기다렸다가 거짓말을 시작하는 것은 아니다. 또 그러라는 법도 없다. 예를 들어 초반부터 끊임없이 칭찬을 늘어놓는, 일종의 언어적 학대를 가하는 남자도 있다. 이 전략은 성공률이 높다. 그는 당신의 새 머리스타일이나 지갑, 직장 등에 대해서 말하도록 만들면 도전적인 질문을 받을 가능성이 매우 낮아진다는 것을 알고 있다.

남자가 당신을 칭찬하는 것이 나쁜 것은 아니다. 특히 남자들은 첫 번째 데이트나 소개팅에서 데이트 상대를 편안하게 해주기 위해 상당히 노력한다. 또 그들은 상대방에게 선의의 칭찬을 하라고 배웠다. 하지만 내가 말하고 있는 것은 그런 칭찬이 아니다. 이것은 칭찬의 집중포화이다. 분위기를 좋게 만들거나 당신에게 좋은 인상을 주려고 던지는 자연스러운 칭찬이 아니다. 당신이 진실 외에 다른 것에 집중하도록 만들기 위해 계획된 칭찬의 대서사시다.

앞에서 말했듯이 어떤 남자들은 그저 당신의 호감을 사기 위해 칭찬한다. 하지만 당신이 민감한 질문을 했을 때 칭찬이 터져 나온다면 경계해야 한다. 스트레스를 받는 와중에 누군가를 칭찬한다는 것은 상식 밖의 일이다. 그가 저녁 내내 당신에게 칭찬을 했다면 당신이 심각한 질문을 한 뒤에도 같을 거라고 기대하는 게 당연하다. 하지만 당신이 칭찬에 인색하던 사람에게 "'원나잇 스탠드'를 가져본 적이 있나요?"라고 묻자 그가 갑자기 칭찬을 한다면 조심해야 한다.

그에게 중요한 질문을 했는데 갑자기 "제가 당신의 눈이 예쁘다고 말했던가요?"라고 말한다면 바로 적색 경고다. 이러한 반응은 질문의 심각성을 생각했을 때 분명 부적절한 반응이다.

칭찬이 과한 남자는 무언가를 숨기는 경우가 많다. 그가 계속 칭찬을 하는 이유는 그것이 그와 진실 사이의 방어벽이 되어주기 때문이다. 전형적인 칭찬으로는 이런 것들이 있다.

- 머리 새로 하셨어요?
- 휴가 다녀오셨어요?
- 당신의 피부색이 녹색 눈동자를 더 돋보이게 하네요.
- 그거 새 지갑인가요? 정말 고급스러워 보여요.

12. 효과음

거짓말하는 남자에게 효과음은 중요하다. 효과음은 거짓말의 완충제이자 보완재 역할을 한다. 남자가 당신을 노골적으로 벌주거나 상처주기 위해 거짓말을 하는 게 아니라는 것을 기억하기 바란다. 그저 상대적으로 우위를 점하거나 비난을 피하거나 힘을 과시하기 위해서이다.

거짓말을 하는 남자는 언제 멈춰야 할지 잘 알지 못한다. 하나의 지연 전략이 효과가 좋다면 두 개는 더 큰 효과가 있을 것이다. 그들의 거짓말, 핑계, 회피가 벽돌에 해당한다면 효과음은 벽돌 사이를 채우는 일종의 회반죽과 같은 역할을 한다.

효과음에도 여러 의미가 있다. 거짓말을 찾아낼 때는 더욱 그렇다. 남자들은 자신에게 유리한 쪽으로 상황을 바꾸기 위해 의도적으로 효과음을 내는 경우가 많다. 모든 칭찬 뒤에 따르는 너그러운 미소, 여종업원을 대하는 중저음 목소리는 좋은 인상을 주기 위해 만들어진 것이다. 당신을 유혹하기 위해 속삭이는 음성도 마찬가지다. 실제로 이러한 효과음, 억양은 상대방에게 좋은 인상을 주는 데 효과적이다.

자율신경계 덕분에 효과음은 스스로 통제 불가능한 경우가 많다. 앞에서 나는 얼굴 표정과 말이 일치하지 않는 남자(승진해서 행복하다고 말하면서 찡그리는), 말과 행동이 일치하지 않는 남자("그렇다"고 말하면서 고개를 가로젓는)에 대해 언급했다. 당신이 주의 깊게 듣는다면 효과음은 남자의 진짜 감정을 노출할 것이다.

마지막으로 그러한 효과음이 거짓의 일부인지 아닌지

판단하기 전에 그의 정상상태가 무엇인지 항상 되짚어보
아야 한다.

- 기침을 자주 하는가?
- 콧노래를 부르거나 휘파람을 부는 사람인가?
- 그가 저녁 내내 코를 훌쩍거렸는가?
- 그가 내는 소리가 상황에 적절한가?

예를 들어 당신이 그에게 이혼수당이나 고용상태에 대
해 물었을 때 그가 전혀 걱정하지 않는 듯이 콧노래를 흥
얼거린다면, 그것은 분명 부적절한 반응이다.

마찬가지로 그가 소리를 내는 시점을 생각해보자. 저녁
내내 기침을 한 적이 없는 그가 당신이 질문하자 갑자기
냅다 코를 푼다면, 이것은 적색 경보다. 거짓말하는 남자
들의 가장 흔한 효과음과 그 의미는 아래와 같다.

목 가다듬기 ㅣ 거짓말하는 남자들은 자신의 반응을 숨기기
위해 효과음을 사용한다. 예를 들어 거짓으로 대답할 시
간을 벌기 위해서, 질문을 완전히 피하기 위해서 계속해서
목을 가다듬는다. 종업원에게 물 한 잔을 부탁하기도 한

다. 그리고 종업원이 물을 가져올 때까지 대답하지 않는
다. 그가 바라는 것은 단 하나, 그 시간 동안 당신이 질문
한 내용이 사라져버리는 것.

기침 | 기침 역시 목 가다듬기와 마찬가지로 시간을 벌고,
질문에 대한 대답을 회피하는 데 사용할 수 있는 또 다른
방법이다.

한숨 | 한숨은 여러 가지 의미가 있지만 거짓말을 하는 남
자들에게 그것은 부정적인 것을 의미하는 경우가 많다. 예
를 들어 당신이 정직한 남자에게 데이트가 끝난 뒤 배터리
를 연결시켜 자기 자동차의 시동을 걸어달라고 부탁하면,
그는 재빨리 자신의 능력을 과시할 기회를 잡거나 솔직히
자동차를 잘 못 다룬다고 말할 것이다. 어느 쪽이든 당신은
진실을 알게 된다. 반면 거짓말하는 남자는 일단 기회를 잡
고 '알았다'고 말한다. 하지만 그 일을 실제로 해야 할 때가
오면 땅이 꺼져라 한숨을 쉴 것이다. 사실은 돕고 싶지 않
다는 속마음을 당신이 알아차릴 때까지 말이다.

코 훌쩍이기 | 코 훌쩍이기는 언어적 거짓 징후의 하나로

볼 수 있다. 예를 들어 어떤 사람은 스트레스를 받으면 습
관적으로 코를 훌쩍댄다. 이는 스트레스를 받으면 눈을 자
꾸 깜박이거나 얼굴이 빨개지거나 얼굴에서 땀이 나거나
발을 떠는 것과 비슷하다. 또 코 훌쩍이기는 당신이 어떻
게 생각하든 상관없다는 뜻을 나타낸다.

콧노래 부르기 · 휘파람 불기 | 자주 콧노래를 부르거나 휘파
람을 부는 남자는 이런 소리가 여자를 편하게 한다는 것
을 알고 있다. 콧노래나 휘파람 부는 남자는 그가 스트레
스 받고 당황했음이 분명하더라도 유쾌해 보일 수 있다.

목소리의 변화 | 대답하는 중간에 남자의 목소리가 변하는
지 귀 기울이기 바란다. 목소리의 변화는 그가 스트레스를
받고 있다는 확실한 언어적 징후가 된다. 스트레스는 남자
의 목소리나 효과음에 긴장감을 부여할 수 있다. 그래서
남자의 목소리는 당신의 질문 때문에 그가 스트레스를 받
고 있는지를 알려줄 것이다. 남자의 목소리가 변할 때 보
통 두 가지 변화가 일어난다.

— 소리 / 옥타브 / 음정이 더 높아진다.

– 전과 다르게 들린다.

 l 어떤 남자들은 거짓말을 할 때 우물거린다. 대답을 흐려서 주제를 불분명하게 만드는 것이다. 남자가 대답을 우물거리면 당신은 '뭐라고요?'라고 묻게 되고 남자들은 대답할 수 있는 또 다른 기회를 얻게 된다.

13. 수식 어구

수식 어구가 포함된 대답은 남자가 당신의 질문에 간단하고 명료하게 대답하지 않는다는 점에서 '엉뚱한 대답'의 한 형태이기도 하다. 그들은 당신의 질문에 대답하기는 하지만 어떤 결론이 없다.

수식 어구가 포함된 대답에는 항상 앞의 내용과 뒤의 내용이 상반될 때 쓰는 '그러나'가 포함된다. "네" 또는 "아니오"라고 대답하는 대신에 단어를 교차시키며 진실의 주변을 맴돈다. "네, 하지만 제 말을 들어보세요." 또는 "아니오, 하지만 그 이유는……." 남자가 진실 주변을 맴돌 때 사용하는 수식 어구에는 이런 것들이 있다.

- 정말 100퍼센트 솔직하게 말해서

- 제가 아는 한

- 솔직히 말하자면

- 사실은

14. 과장

대부분의 사람들이 과장하는 것을 피하지만 거짓말쟁이들은 이것을 추구한다. 우리 모두 알다시피 그저 과장하는 것을 좋아하는 사람들도 있다. 그러나 거짓말하는 남자가 사용하는 과장은 의도적이고 인위적인 것이며 분명한 거짓이다. 또 여기에는 위선이 있다.

남자가 날씨에 대해 언급하는 것은 지극히 정상적이고 자연스럽다. 하지만 계속해서 꽃과 새와 봄의 화사함에 대해서 미사여구를 늘어놓는다면, 그 남자는 무대에서 연기를 함으로써 특정 주제를 피하려고 하는 것이다. 바로 단 한 명의 관중을 위한 공연인 셈이다.

남자가 과장하는 경우 우리는 '가짜'라는 말을 붙여 그것을 설명할 수 있다.

가짜 행복

- 오, 매우 멋진 날이군요. 봄이 정말 사랑스럽지 않아요?
- 비가 오면 정말 좋아요. 저는 매우 긍정적인 사람이라서 저를 우울하게 만들 수 있는 건 아무것도 없죠.

가짜 친근함

- 내가 아는 사람이 있는데 그가 분명 당신에게 알맞은 사람을 소개해줄 거예요.
- 언제든 전화하세요.
- 우리는 정말 공통점이 많네요.

가짜 정중함

- 당연하죠. 당신이 말하는 건 뭐든지…….
- 제가 할 수 있다면 당연히 도와야죠.
- 당신의 행복은 나에게 정말 중요해요.
- 당신을 위해 사는 걸요.

자, 이제 그의 정상상태를 확인해라. 내가 똑같은 말을 계속해서 반복하는 것은 그만큼 중요하기 때문이다. 상대가 연기를 전공한 남자일 수도 있고, 표현력이 좋은 사람일 수도 있다. 또 그들의 본모습일 수도 있다. 따라서 당신이 본론으로 들어가기 전에도 그가 명랑하고 호들갑을 떠는 사람이었다면, 그건 정상상태의 일부로 봐야 한다. 당신이 살펴야 하는 것은 뭔가 심각한 것을 묻는 순간 갑자기 호들갑을 떨기 시작했느냐는 것이다.

저녁 내내 전반적으로 차분하던 남자였는데 당신이 뭔가 진지한 질문을 하자마자 칭찬을 늘어놓고 기분이 극적으로 바뀐다면 경계하기 바란다. 그는 당신에게 거짓말을 하고 있을 가능성이 높다.

언어적 거짓은 매우 다양해서 한 번에 모든 것을 분류하기는 어렵지만 그렇다고 시도조차 하지 않아서는 안 된다. 당신은 이번 장과 비언어적 거짓에 대해 다룰 다음 장을 집중해서 읽어야 한다. 왜냐하면 이 부분이 거짓말 탐지를 위한 '진술서'이기 때문이다.

거짓말 탐지의 멋진 점은 당신이 거짓말을 들춰내면 남자들이 무조건 당황하게 된다는 것이다. 당신이 죄책감 조장에 넘어가지 않고 남자들의 거짓에 맞선다면 그것은 분명 그들을 혼란스럽게 하고 마음의 평정을 흔들어 놓을 것이다. 언어적 거짓은 거짓말쟁이의 일용할 양식이다. 당신이 식량 보급을 차단한다면 그들은 굶어 죽게 될 것이다!

소개팅에 나가서 기억해야 할 다섯 가지

1. 정신 차리기

2. 남자를 편안하게 만들기

3. 그의 정상상태를 파악하기

4. 중요한 질문은 마지막에 하기

5. 입 다물고 듣기

언어적 거짓의 14가지 종류

1. 엉뚱한 대답 : 저한테 묻고 있는 건가요?

2. 변명 : 절대 그럴 리 없어.

3. 지연 : 제가 제대로 이해했는지 모르겠네요. 좀더 조용한 데 가서 따로 얘기할래요?

4. 죄책감 조장 : 그런 말을 하다니 저 상처 받았어요.

5. 상황 뒤집기 : 왜 그걸 알고 싶어 하죠?

6. 질문을 이해하지 못했다는 변명 : 질문의 요점을 잘 모르겠군요.

7. 기억상실 : 어디 생각해 볼게요.

8. 핑계 : 너무 피곤하네요.

9. 종교 내세우기 : 신에게 맹세코……

10. 구구절절한 이야기 : 나는 4시 36분부터 6시 14분까지 당신에게 16번이나 전화했어.

11. 칭찬 : 머리 새로 하셨어요?

12. 효과음 : 목 가다듬기, 기침, 한숨, 코 훌쩍이기, 콧노래 부르기, 휘파람 불기, 우물거리기

13. 수식 어구 : 솔직히 말하자면……

14. 과장 : 당신을 위해 사는 걸요.

몸짓으로 나타나는
22가지 거짓말

몸짓으로 나타나는 22가지 거짓말

· · ·

비언어적 거짓에는 다양한 형태가 있다. 이번 장에서는 앞에서 다룬 몸의 수면상태를 좀더 자세히 살펴보고 그 외에도 수십 개가 넘는 비언어적 거짓들에 대해 좀더 구체적으로 파고들 것이다.

우리는 '눈 맞춤'에 대해서도 살펴봤다. 눈은 남자의 영혼으로 들어가는 창이다. 그래서 당신이 비언어적 거짓을 찾을 때 눈은 당신에게 많은 것을 말해준다. 많은 사람들은 '거짓말쟁이들은 거짓말을 할 때 다른 곳을 본다'고 생각하거나 '거짓말을 할 때마다 상대를 똑바로 쳐다본다'고 생각한다. 그런 사람들도 있겠지만 다 그런 것은 아니다. 그럼 이제부터 다양한 형태의 비언어적 거짓에 대해 살펴보자.

남자의 정상상태가 무엇인지 기억하라

언어적 거짓의 경우와 마찬가지로 비언어적 거짓을 찾을 때 꼭 알아야 할 것은 남자의 정상상태이다. 그의 비언어적 행동이 거짓인지 아닌지 알아내기 위해서이다.

이번 장에서 우리는 몸의 수면상태에 대해 광범위하게 다룰 것이다. 하지만 그 전에 남자들의 평소 모습을 아는 것이 중요하다. 예를 들어 당신이 날씨, 스포츠, 영화, 친구, 레스토랑의 인테리어 같은 사소한 이야기를 하며 남자를 편안하게 만들었을 때, 그는 어떻게 앉아 있는가? 그의 손은 어디에 있는가? 그는 편안할 때도 안절부절못하는 사람인가? 만약 평소에도 안절부절못하는 사람이라면 몸의 수면상태가 언제 깨어나는지 짚어내는 것이 상당히 어렵다.

어떤 남자들은 상황이 어떻든 간에 꼿꼿하게 앉는다. 군 경험 때문이거나 자랄 때 어머니에게서 똑바로 앉으라는 말을 못이 박히도록 들었기 때문일 수도 있다. 또는 그들이 얼마 전에 자세교정을 받았는지도 모른다. 누가 알겠는가? 중요한 것은 남자의 비언어적 거짓이 어떤 모습인가를 판단하기 전에 그들이 편안할 때 어떻게 앉아 있는지를 먼저 알아내야 한다는 것이다.

언어적 거짓과
비언어적 거짓 징후 구별하기

지금 당장은 이 모든 게 어렵게 느껴질 수도 있다. 어쩌면 너무 많은 정보에 위축될지도 모르겠다. 하지만 당신이 시간을 갖고 연습하다 보면 언어적, 비언어적 거짓을 알아내는 데 더 능숙해질 것이다. 일단은 언어와 비언어적 표현을 구분하는 것이 중요하다. 당신이 이 두 가지를 결합하여 복합적으로 판단하기에는 아직 이르다. 남자의 말과 행동을 동시에 관찰하는 것은 결코 쉬운 일이 아니므로 언어적 거짓 징후와 비언어적 거짓 징후에 대한 판단을 따로 구별해 놓아야 한다. 그래야만 당신이 성급히 판단하는 것을 피할 수 있다.

명심할 것은 한 번에 너무 많은 것을 찾으려고 하지 말라는 것이다. 둘 중 한 가지를 찾는 것만으로도 거짓말 탐지는 충분히 힘든 일이다. 또 두 가지를 한 번에 하려고 하면 일은 두 배로 복잡해질 것이다. 결국 거짓말 탐지에 능숙해지는 방법은 연습뿐이다.

몸의 수면상태가 깨어나는 것을 살펴라

—

그럼 앞에서 살펴본 몸의 수면상태에 대해 빠르게 한 번 복습해보자. 남자의 왼쪽 발은 바닥에 놓여 있고 오른쪽 종아리는 왼쪽 허벅지 위에서 올려져 있다. 또 오른쪽 팔꿈치는 테이블 위에 쉬고 있고, 오른손은 오른쪽 무릎에 놓여 있다. 왼손도 편안히 쉬고 있다. 이것이 바로 몸의 수면상태, 즉 당신이 질문을 던지기 직전까지 그가 앉아 있던 모습이다. 이것을 마음속에 기억해두자. 이제부터 우리가 찾아야 할 것은 당신의 질문에 몸의 수면상태가 깨어나느냐이다.

몸의 수면상태가 깨어났다면 자율신경계가 작동한 것이다. 당신은 남자의 스트레스 반응을 목격할 수 있고 이제 그가 얼어버릴지 도주할지 아니면 싸울지 알게 될 것이다. 남자가 질문에 위협을 느낀다면 그는 '내가 그런 일을 했다면 나와 데이트하고 싶지 않을 거야'라고 생각하기 때문이고 동시에 그는 그런 일을 했다는 의미이기도 하다. 이 경우 몸의 어떤 부위든 하나 이상이 수면상태에서 깨어나는 것을 막을 수 없을 것이다.

이것은 매우 중요하다. 사람들은 위협적인 질문을 받았을 때 자신의 몸이 수면상태에서 깨어나는 것을 통제할 수 없다. 다시 말해 사람들이 위협을 느끼는 질문을 받았을 때 그들의 몸은 수면상태에서 자동적으로 깨어난다.

따라서 당신이 사소한 질문을 하는 동안 남자의 오른쪽 발목이 왼쪽 허벅지에 편안하게 놓여 있는 것이 그의 수면상태이고, 당신이 '원나잇 스탠드'나 실직 같은 민감한 질문을 했을 때 갑자기 그가 자세를 바꾸거나 전과 달리 다리를 떨기 시작한다면 그의 몸이 깨어나고 있는 것이다!

몸의 수면상태가 깨어나기 전 알아야 하는 22가지 반응

—

1. 앉거나 서 있거나 | 일반적인 상황에서 당신에게는 두 가

지의 선택권이 있다. 앉거나 서 있거나.

— 앉는다면 : 남자의 엉덩이, 등, 다리, 발, 팔, 손, 머리가
의자와 어떤 관계를 맺고 있는가? 그의 몸이 왼쪽 또
는 오른쪽으로 기울어져 있는가? 보통 바닥에 내려놓
는 다리는 어느 쪽이고 다리를 꼴 때는 어느 쪽 다리를
올리는가? 손은 어디에 놓는가? 꼿꼿이 앉는가 아니면
기대어 앉는가? 그가 편안할 때 앉는 방식을 안다면 그
의 몸이 수면상태에서 깨어났을 때를 잡아낼 수 있다.

— 서 있다면 : 발을 어떻게 하고 있는가? 다리를 꼬고 있
는가? 두 발 모두 평평하게 놓고 서 있는가? 벽에 기대
는가? 편안할 때는 몸을 한 쪽으로 기울이고 있다가 당
신이 중요한 질문을 하자마자 안절부절못한다면 그의
몸이 수면상태에서 깨어나고 있는 것이다.

중요한 질문을 하기 직전에 남자가 어떤 모습인지 '순간
사진'을 찍어라. 몸의 수면상태는 대화 중에 바뀔 수 있기
때문에 중요한 질문을 하기 직전에 몸의 수면상태가 무엇
인지 알아보는 것이 중요하다.

2. 다리 ㅣ 몸의 수면상태와 관련해서 남자의 다리는 많은 의미를 갖는다. 그는 똑바로 서 있을 수도 있고 안절부절 못하며 서 있을 수도 있다. 편안할 때 남자의 다리가 어떤 모습으로 있는지 확인했다면 다리가 수면상태에서 깨어나는 것을 잡아낼 준비를 하자.

– 꼬거나 꼬지 않은 다리 : 그는 편안할 때도 다리를 꼬는 사람인지 당신은 확인해야 한다. 원래 안절부절못하는 사람도 있다는 것을 기억하자. 그가 편안할 때 다리를 벌리고 앉기를 좋아하다가 당신이 뭔가 심각한 질문을 했을 때 갑자기 다리를 꼬았다 풀었다 한다면 의심해야 한다.

– 다리 떨거나 흔들기 : 안절부절못하는 것이 거짓 징후가 아닐 수도 있다는 것을 기억하기 바란다. 따라서 남자가 잡담을 할 때나 스트레스를 받을 때 다리를 떨거나 흔든다고 해서 그것을 거짓 징후라고 볼 수 없다.

– 다리가 움직이다 멈춤 : 습관적으로 다리를 꼬거나 흔드는 것이 남자의 정상상태라고 판단했는데, 중요한 질

문을 한 후에 갑자기 이것을 멈춘다면 그것은 속임수
의 신호이다.

3. 팔 ┃ 다리와 마찬가지로 팔도 몸의 수면상태와 관련해서
많은 것을 알려준다.

- 팔짱 끼거나 끼지 않은 팔 : 그는 팔로 무엇을 하는가?
그는 팔짱을 끼는가? 아래로 향하게 두는가? 손을 주
머니에 넣는가? 팔에 힘을 주는가? 남자가 스트레스를
받기 전에 팔을 어떻게 움직이는지 알아두어야 한다.

- 팔 떨거나 흔들기 : 팔 떨기나 흔들기는 다리를 떨거나
흔드는 경우와 마찬가지로 평소에도 그러한 행동을 한
다면 그것은 거짓 징후가 아니다.

4. 머리 ┃ 남자들은 보통 스트레스 상황에서 머리를 움직이
는 게 꽤 조심스럽다. 왜냐하면 눈 맞춤이 그들에게 중요
하기 때문이다. 눈이 머리에 붙어 있기 때문에 남자들은
대개 갑자기 머리를 움직이지 않으려고 조심하는 편이다.
하지만 자율신경계가 작동하면 머리도 예외는 아니다. 우

리는 몸이 수면상태에서 깨어나는 것을 통제할 수 없다. 따라서 그가 사소한 질문에 대답할 때 머리의 움직임이 있는지 관찰하는 것이 매우 중요하다. 그가 질문에 대답할 때 항상 머리를 왼쪽 또는 오른쪽으로 젖히는지 아니면 피하고 싶은 질문에 대답할 때만 그러는지 관찰하라.

5. 등과 의자의 접촉 변화 | 당신이 그에게 "누가 계속 당신에게 문자를 보내?"라고 물었다고 해보자. 그가 갑자기 자세를 똑바로 고쳐 앉는가? 등을 둥글게 구부리거나 몸을 한쪽으로 기울이는가? 당신이 그에게 정곡을 찌르는 질문을 하기 전까지는 등을 의자에 붙이고 똑바로 앉아 있었는가? 대부분의 사람들은 편안할 때 등을 의자에 붙이고 똑바로 앉는다. 반면 스트레스를 받을 때는 등을 구부리거나 갑자기 움직인다.

6. 엉덩이의 움직임 | 엉덩이는 의자와 평평하게 맞대어 있고 특별한 자극이 없는 한 움직이지 않는다. 하지만 남자들이 스트레스를 받을 때 의자에서 엉덩이를 움직일지도 모른다. 왼쪽에서 오른쪽으로 움직이거나 심지어 몸을 앞으로 숙일 때도 있다. 당신은 이런 움직임을 찾도록 훈련

받지 않았고 또 잘 보이지도 않기 때문에 놓치기 쉽다. 하지만 당신이 주의 깊게 본다면 쉽게 찾을 수 있을 것이다.

7. 의자의 움직임 또는 회전 | 의자가 갑자기 움직이거나 회전하는가? 이것은 그가 테이블 밑에서 다리나 엉덩이를 갑자기 움직였거나 발이 스트레스에 반응하고 있기 때문에 나타난다.

8. 발의 움직임 | 발은 다리에 붙어 있기 때문에 다리의 움직임에 영향을 받는다. 다리를 떨 때 발이 가만히 있는 경우는 드물다. 그 반대도 마찬가지다. 발의 위치가 갑자기 바뀌는가? 발을 흔들기 시작하거나 멈추는가? 발을 구르기 시작하거나 멈추는가? 발을 주의 깊게 살펴보기 바란다. 특히 테이블보에 가려져 그의 다리를 볼 수 없을 때도 말이다.

9. 몸짓 | 우리는 대중매체를 통해 남자가 손을 꽉 쥐는 것은 분명 '유죄'라고 배웠다. 하지만 몸짓에서 중요한 것은 당신이 특정한 몸짓을 찾는 것이 아니라 몸짓의 변화를 찾아야 한다는 것이다. 예를 들어 그가 계속 손을 많이 움

직인다면 그것에 큰 의미를 둘 필요는 없다. 편안할 때는 손을 가만히 두다가 스트레스를 받았을 때 손을 많이 움직이거나 반대로 계속 손을 움직이다가 '원나잇 스탠드'에 대한 질문을 하자 손을 무릎 위로 떨어뜨릴 때 의미가 있는 것이다.

- 손짓이 많아지거나 적어지거나 : 손이 수면상태에서 깨어날 때 갑자기 손짓을 하거나 손짓을 멈추는지 관찰하라.

- 손 비비기 또는 꽉 쥐기 : 그의 자율신경계가 '얼음 · 도주 · 투쟁 반응'을 발동시키면 그는 손을 비비거나 꽉 쥐기 시작할지도 모른다.

10. 몸 단장 ▮ 그가 갑자기 몸 단장을 시작하는가? 머리를 쓸어내리고, 소매를 매만지고, 보푸라기를 떼어 내는가? 이것이 그의 정상상태의 일부가 아니라 새로운 움직임이라면 심각한 비언어적 거짓 징후가 될 수 있다. 다른 손짓들도 스트레스 받는 질문 뒤에 갑자기 살아난다면 거짓을 의미한다.

- 얼굴이나 머리, 다리, 손 긁기
- 손, 넥타이, 무릎, 셔츠 깃, 냅킨, 테이블보 등 만지기
- 넥타이의 얼룩, 얼굴이나 코 만지작거리기
- 손등의 주름을 꼬집거나 옷 만지작거리기

11. 고치기 | 스트레스를 받을 때 남자들은 질문으로부터 주의를 돌리고 적절한 대답을 찾을 시간을 벌기 위해 무엇을 정리하기 시작하는 경우가 많다. 남자가 무엇을 고치느냐가 아니라 언제 고치기 시작하느냐가 중요하다.

- 옷 매무새 고치기 : 스트레스를 받으면 남자는 옷의 주름을 펴거나 넥타이나 셔츠 깃을 정리하기 시작한다. 당신이 심각한 질문을 함과 동시에 그가 갑자기 자신의 옷을 우선시하며 정리한다면 주의할 필요가 있다.

- 시계나 장신구 매무새 고치기 : 반지를 돌리거나 시계를 만지거나 자기 시계와 식당에 있는 시계의 시간을 비교하거나 심지어 당신의 시계와 시간을 비교할지도 모른다. 지금 그가 왜 그런 행동을 하는지 스스로에게 물어보길 바란다. 그것은 상황에 적절한 행동일까? 아

마도 아닐 가능성이 높다.

– 안경을 고쳐 쓰거나 안경 닦기 : 그가 질문을 받는 동안 시간을 벌기 위해 안경을 고쳐 쓰거나 닦는다면 뭔가 꿍꿍이가 있을 가능성이 높다. 특히 편안할 때는 안경에 신경도 안 쓰다가 갑자기 안경에 손이 갈 경우 스트레스에 반응하고 있을 가능성이 있다.

– 머리 매무새를 고치거나 정리하기 : 스트레스를 받을 때 갑자기 머리카락에 집중하는 것은 꽤 확실한 비언어적 거짓 징후이다.

– 손톱 검사 : 거짓말하는 남자는 스트레스를 받을 때 갑자기 손톱을 검사하는 경우가 많다. 왜? 시간을 벌기 위해서다. 그것은 자연스러운 반응이다. 왜냐하면 손톱을 바라보면 눈 맞춤을 피할 수 있고 그렇게 수상쩍어 보이지도 않기 때문이다.

12. 깨물기 ㅣ 어떤 사람들은 항상 자신의 손톱이나 입술, 또는 어떤 사물을 깨물지만 대부분의 사람들은 스트레스를

받을 때만 그렇게 한다. 남자가 편안할 때도 뭔가를 깨무는 사람이라면 스트레스를 받았을 때 빨대나 볼펜을 깨문다고 해서 거짓말을 했다고 볼 수는 없을 것이다. 하지만 스트레스 받는 질문 뒤에 갑자기 뭔가(손톱, 입술, 펜, 이쑤시개, 빨대 같은 사물)를 깨물기 시작했다면 경계해야 한다.

13. 주변을 치우기ㅣ 남자가 갑자기 테이블과 의자를 치우기 시작하거나 접시를 정리하거나 냅킨을 접었다 폈다 반복한다면 경계하라. 그것이 그가 저녁 내내 한 일이라면 당신은 거짓말쟁이가 아니라 원래 안절부절못하는 사람을 만나고 있을 가능성이 높다. 하지만 당신이 어떤 주제로 그를 압박했기 때문에 그가 그런 일을 한 것이라면 이것은 비언어적 거짓 징후이다.

14. 땀 닦기ㅣ 땀은 절대적으로 자율신경계의 '얼음·도주·투쟁 반응'의 결과물이다. 스트레스를 받을 때 우리는 몸이 위험에 본능적으로 반응하는 것을 통제할 수 없다. 그리고 우리 몸은 도망갈 준비를 하거나 속력을 낼 때 발생하는 열을 식히기 위해 모공을 열어 땀 배출을 원활하게 한다.

　어떤 남자들은 아무 이유 없이 땀을 흘리기도 한다. 데이트를 위해 잔뜩 차려 입고 나온 것이 어색해서거나 옷을 너무 껴입어서 땀을 흘리고 있을 수도 있다. 그렇다면 남자를 너그럽게 봐줘라. 하지만 그가 내내 침착하다가 당신이 고용 상태나 재정 상태에 관해 묻자 갑자기 땀을 닦기 시작한다면, 경계하라!

15. 얼굴 만지기와 가리기 | 대개 스트레스를 받으면 우리의 운동조절 능력은 저하된다. 우리가 원하든 원치 않든 우리가 통제할 수 없는 운동능력들이 많아진다. 얼굴에 갑자기 손이 가는 것도 마찬가지다. 남자가 스트레스를 받는 동안 얼굴이나 특정 부위(눈, 코, 입, 귀)를 가리거나 만진다면 주의 깊게 보기 바란다.

남자가 얼굴을 가리는 문제는 생각해보면 꽤 흥미롭고 그럴듯하다. 당신은 아주 나쁜 소식을 들었을 때 본능적으로 귀를 가리거나 심지어 "그만, 듣고 싶지 않아"라고 말해본 적이 없는가? 또는 끔찍한 자동차 사고나 전쟁 장면 같은 것을 볼 때는 어떤가? 그것을 더 이상 보지 않기 위해 재빨리 눈을 가리지는 않는가?

그저 얼굴을 가리는 것만으로 몸을 완전히 숨길 수 있다고 생각하는 아기들을 생각해보라. 성인 남성도 크게 다르지 않다. 그가 귀를 가린다면 당신이 말하는 것을 듣고 싶지 않기 때문이다. 그가 눈을 가린다면 역시 당신을 바라보고 싶지 않거나 당신이 그에게 보여주고 싶어 하는 것을 피하기 위해서이다. 그리고 그는 마치 그 자리에서 사라질 수 있다는 듯이 얼굴을 가릴 것이다. 이 모든 것은 관심을 기울여야 할 거짓 징후이다.

16. 비정상적인 눈 맞춤 ㅣ 우리가 눈 맞춤으로 판단해야 하는 것은 얼마나 오래 눈을 맞추고 있는가가 아니다. 그 상황에서 눈을 맞추는 것이 얼마나 적절한가를 판단하는 것이 중요하다. 정상적인 눈 맞춤은 평균적으로 7초간 지속된다. 그리고 3초 정도 쉰 뒤 다시 7초간 눈빛을 교환한다. 이것이 정확한 공식은 아니지만 전 세계의 과학자들이 동의한 평균적인 시간이다. 그렇다고 시계를 들고 눈을 맞추는 시간을 잴 필요는 없다. 우리는 이 규칙을 통해 그의 눈 맞춤이 적절한지 아닌지 감을 잡으면 된다.

— 눈을 보지 않는다 : 눈을 맞춘다고 해서 꼭 진실한 것은 아니지만 남자가 계속해서 당신의 눈을 보지 않는다면 이것은 뭔가를 숨기고 있다는 뜻이다.

— 계속 눈을 맞춘다 : 평균적으로 7초간 지속, 3초간 휴식을 정상적인 눈 맞춤이라 볼 수 있다. 따라서 눈을 아예 쳐다보지 않거나 계속 쳐다본다면 그가 스트레스에 반응하는 중일 수도 있다. 하지만 데이트 자체가 서툴러 자연스럽지 못한 남자들도 꽤 있다는 점을 기억하라.

— 비정상적인 깜박임 또는 오래 눈 감고 있기 : 어떤 남자들은 생각할 때 눈을 감거나 자주 깜박인다. 중요한 것은 이러한 행동이 언제 시작되었는가를 찾는 것이다.

17. 비정상적인 자세 ┃ 자세와 관련해서 찾아야 하는 것 역시 그 상황에 얼마나 적절한가 여부이다. 예를 들어 당신이 그에게 심각한 질문을 했을 때 그가 별거 아니라는 듯이 행동한다면, 반대로 당신이 아직 심문을 시작하지도 않았는데 그가 너무 경직된 자세로 당신을 경계한다면 그 이유는 무엇일까? 그는 왜 편한 상황에 그렇게 꼿꼿이 앉아 있을까? 이것은 비정상적이고 상황에 부적절한 행동으로 그는 분명 뭔가를 염려하고 있다. 그렇게 경직되어 있는 데는 그만한 이유가 있다.

18. 비정상적인 삼키기 ┃ 스트레스를 받을 때 가장 먼저 나타나는 증상 중 하나는 입이 마른다는 것이다. 남자가 이런 증상을 통제하려고 아무리 노력해도 소용없다. 자율신경계의 '얼음·도주·투쟁 반응'은 통제 불가능하기 때문이다. 따라서 그럴만한 이유가 없는데 갑자기 마른 침을 삼킨다면 경계하기 바란다. 테이블 위에 물과 음료가 놓여 있는데도 그런 행동을 한다면 뭔가 비정상적인 것이다.

19. 빠른 호흡 ┃ 질문 후 갑자기 그의 호흡이 빨라졌다면, 그것은 분명 거짓 징후이다. 그러나 그의 정상적인 모습을 모르는 상태에서 단지 호흡이 빨라졌다는 이유만으로 그것을 거짓 징후라고 판단하는 것은 성급한 행동이다.

20. 통제된 호흡 ┃ 반대로 그가 갑자기 평소보다 느리게 숨을 내쉬거나 크게 숨을 들이쉬면서 의식적으로 호흡을 통제하고 있다면 이것은 거짓 징후이다. 그는 지금 호흡을 의식적으로 조종해서 '얼음·도주·투쟁 반응'을 통제하려는 것이다. 이렇게 자문해보기 바란다.

"내가 그에게 스트레스를 준 게 아니라면, 왜 갑자기 자

신의 호흡이 어떻게 들리는지 신경 쓰는 걸까?'

21. 몸이나 손을 떨거나 흔들기 ǀ 가장 확실한 거짓 신호 가운데 하나는 몸을 떠는 것이다. 일부러 그런 것이 아니라면 우리는 이러한 몸짓을 통제할 수 없다.

22. 새로운 수면 부위의 등장 ǀ 남자의 정상상태를 알아내고 그것을 머릿속에 '순간사진'으로 남기라고 수도 없이 당부했다. 그렇게 하면 당신은 새로운 수면 부위가 등장할지라도 금방 알아차릴 수 있다. 당신이 몰입의 창을 여는 동안 남자 몸의 일부가 갑자기 움직이던 것을 멈추고 수면상태로 들어가는 경우가 있다. 이 새로운 수면 부위는 거짓 징후이다. 따라서 그것이 나타났을 때 확실히 잡아낼 수 있도록 해야 한다.

비언어적 거짓은 당신에게 최고의 정보가 될 수 있다. 왜냐하면 대부분의 남자들은 언어적 거짓에만 집중하는 경향이 있고 비언어적 행동을 다듬는 데는 별로 신경을 쓰지 않기 때문이다. 따라서 당신이 언어적 거짓과 비언어적 거짓 징후를 동시에 익힌다면 남자의 거짓을 알아내는 데 큰 도움이 될 것이다.

우리가 비언어적 거짓을 다루는 목적은 빈틈을 없애기 위해서이다. 남자들이 언어적 거짓에 더 집중하는 경향이 있는 것처럼 여자들도 마찬가지다. 여자는 남자가 어떻게 말하느냐가 아니라 무엇을 말하느냐에 매달린다.

당신은 이 책의 제목을 처음 봤을 때, 아마 이런 생각이 들었을 것이다. '오, 좋아. 마침내 그의 입에서 나오는 말이 거짓말인지 아닌지 알 수 있겠군.' 하지만 우리가 지금까지 살펴보았듯이 거짓말이 꼭 입에서만 나오란 법은 없다. 거짓은 그의 발, 이마에 맺힌 땀, 꽉 깨물고 있는 입술에서도 드러난다. 언어적 거짓과 수십 개의 비언어적 거짓의 징후들이 결합하여 거짓말이 완성되는 것이다. 그리고 가장 중요한 한 가지, 이런 징후에 방심하지 말라고 알려줄 사람은 오직 한 명, 당신 자신뿐이다.

Tip

1. 그의 정상상태가 무엇인지 기억하라.

2. 몸의 수면상태가 깨어나는 것을 살펴라. 남자들은 언어적 거짓에만 집중하는 경향이 있고 비언어적 행동을 다듬는 데는 별로 신경을 쓰지 않는다.

9.

최종판결 :
누가 거짓말쟁이인가?

...

여기까지 온 당신에게 박수를 보낸다. 이번 장은 당신이 초조하게 기다리던 부분이라는 것을 안다. 이제 우리가 배웠던 모든 기술을 꺼내놓을 때다. 이번 장에서는 1장에 등장했던 스피드 데이트 상황으로 돌아가 그것을 매우 구체적으로 분석할 것이다. 당신은 분석과정을 읽어나가면서 엄청난 통찰력을 얻을 수 있을 것이다.

1장을 읽었을 때도 거짓을 찾아내는 데 어느 정도 성공했을 수도 있지만 지금 다시 읽어보면 당신의 기술이 눈에 띄게 성장한 것에 놀랄 것이다. 그리고 남자의 거짓말을 간파하는 것이 얼마나 쉬운지 스스로 느낄 것이다.

두 가지 질문 다시 보기

—

당신은 이 책을 읽으면서 언어적, 비언어적 거짓과 몸의 수면상태, 죄책감 조장 등에 대해 배웠다. 드디어 배운 것을 실전에 적용할 때가 왔다. 이번 장에서는 애슐리가 네 명의 남자들을 만난 스피드 데이트 상황으로 돌아갈 것이다. 애슐리는 남자들에게 매우 구체적인 두 가지 질문을 했다.

- 첫 번째 질문 : 당신은 바람 피워본 적이 있나요?
- 두 번째 질문 : 남자친구가 바람 피우는 것을 알았을 때 여자가
  어떻게 해야 한다고 생각하세요?

드디어 누가 거짓말쟁이고 누가 진실을 이야기하고 있는지 밝힐 때가 왔다. 마지막으로 당신에게 한 가지를 강조하겠다.

편견 없이 관찰하라!

당신은 거짓말 탐지의 첫 번째 단계인 정신 차리기를 기억하는가? 우리는 1장에서 애슐리와 함께 네 명의 남자를 모두 만났다. 당신은 그들이 어떻게 생겼는지도 알고 있고 그들에 대한 어떤 편견도 갖고 있을 것이다.

키 크고 잘 생긴 남자에게 빠져들었던 경험이 있다면 데이브가 나쁜 남자라고 판단할 것이다. 척의 외모가 어리고 안경을 썼기 때문에 거짓말을 할 리가 없다고 생각할 수도 있다. 그러나 두 경우 모두 당신이 틀렸다면?

편견이 도움이 되는 때도 있지만 그렇지 않을 때도 많다. 남자들은 이것을 알고 있다. 그들은 말 그대로 당신의 편견을 감지하고 그것을 이용한다. 당신이 캐주얼하게 옷을 입는 남자에게 매력을 느끼고 그런 남자를 신뢰한다고 판단되면 그들은 그렇게 옷을 입는다.

필이 회계사처럼 생겨서 그에게 즉시 편견을 갖지 않았는가? 실제로 당신이 그에 대해 알고 나면 필이 당신의 편견과 상반된 사람이라는 것을 깨닫게 될지도 모른다.

이러한 편견으로 손해를 보는 사람은 바로 당신이다. 편견은 우리의 판단을 흐리고 부정적으로 반응하게 한다.

따라서 네 명의 남자를 분석하기 전에 당신은 편견을 버리고 정신을 차려야 한다. 그렇게 하면 당신은 그들의 외모나 그들에 대한 선입견 대신 언어적, 비언어적 행동에 더 집중할 수 있다.

네 남자의 거짓말을 읽어내는 법

볼수록 매력 있는, 데이브 ㅣ 데이브는 애슐리를 향해 당당하게 걸어왔다. 그가 앉기 전 악수를 했을 때 그 밤이 괜찮게 시작되었다고 애슐리는 생각했다. 악수에서 적절한 안정감이 느껴졌다. 그녀는 남성적이지만 마초 같지 않은 그에게 호감을 가졌다. 데이브는 키가 크고 거무스름한 피부에 호남형이었고 옷을 센스 있게 잘 입었다. 그가 그녀의 블라우스를 칭찬하고 머리를 새로 했냐고 물었을 때 진심인 것 같았다.

따뜻하고 부드러운 척 ǀ 척은 삼십 대 후반 이었지만 소년 같은 외모를 지닌 '동안' 이었다. 테가 있는 안경을 쓰고 있었으며 얼굴에 항상 미소를 띠고 있었다. 데이브 처럼 매혹적인 외모는 아니었지만 그는 진 실해 보였고 그의 열정을 쉽게 느낄 수 있 었다.

조용한 회계사, 필 ǀ 필이 애슐리의 테이 블 쪽으로 걸어올 때 행사는 중반으로 접어들고 있었다. 광을 낸 검은 구두와 잘 맞지 않는 회색 정장, 알이 두꺼운 안경, '2대 8'가 르마에 숱이 적은 머리까지 그는 온몸에 '회계사'라고 쓰여 있었 다. 그는 긴장하고 수줍어 하는 것 처럼 보였다. 그날 밤 만났던 네 명의 남자들과는 달리 유일하게 악수를 청 하지 않았다.

솔직하고 쾌활한 샘 ǀ 애슐리의 마지막 데

이트 상대인 샘은 조금 어린 편에 속했다. 이십 대 후반으로 매우 젊은 옷차림이었다. 스키니 진과 단순한 후드 티셔츠를 입었다. 그의 얼굴은 면도를 하지 않아 지저분해 보였지만 그녀는 그것이 설정이라고 생각했다. 그의 눈썹은 세심하게 다듬어져 있었고 짙은 녹색 눈동자를 가지고 있었다. 나이 차이에도 불구하고 애슐리는 맞은편에 앉은 샘에게 호감을 느꼈다. 그는 의자에 몸을 편하게 기대고 앉아 다리를 꼬았다.

과연 누가 거짓말쟁이일까? 솔직한 사람은 누구일까?

데이브

데이브부터 시작하자. 당신은 애슐리의 첫 번째 데이트 상대인 데이브를 기억할 것이다. 그는 키가 크고 거무스름한 피부에 호남형이었다. 당신의 편견을 버리고 데이브 자체에 대해 생각해보자. 그리고 두 가지 질문에 대한 데이브의 반응을 보고 듣자.

질문1 : 데이브, 바람 피워본 적이 있나요?

데이브는 웃으며 다리를 꼬고는 몸을 앞으로 바짝 당겨 앉았다.

"어떨 것 같아요?"

그는 코웃음 치며 냉정한 말투로 이어서 물었다.

"솔직히 그건 좀 사적인 질문이라고 생각하지 않아요? 내 말은 '바람 피운다'는 말의 정의에 따라 대답이 달라질 것 같은데요."

우선 데이브의 비언어적 행동을 살펴보자. 당신은 어떤 거짓을 알아보았는가? 몰입의 창이 열린 동안 데이브 몸의 많은 부위가 수면상태에서 깨어났다. 이것은 무엇을 의미할까?

먼저 그의 두 발이, 이어서 그의 등과 머리가 깨어났다. 이것만으로도 데이브의 진실성에 대해 의심을 가질 만하다. 기억하라. 사람들은 위협을 느끼는 질문을 받을 때 몸이 수면상태에서 깨어나는 것을 통제할 수 없다.

데이브의 언어적 행동을 살펴보자. 어떤 거짓을 발견했는가? 가장 중요한 거짓 징후 중 하나인 죄책감 조장을 발견할 수 있을 것이다. "솔직히 그건 좀 사적인 질문이라고 생각하지 않아요?" 이것은 명백한 죄책감 조장이다. 이것은 그저 질문한 것 자체에 애슐리가 죄책감을 느끼게 만들려고 하는 데이브의 의도이다.

데이브의 반응에서 죄책감 조장 외에 다른 언어적 거짓을 목격했는가? 그는 "어떨 것 같아요?"라고 되물었다. 또한 그는 "'바람 피운다'는 말의 정의에 따라 대답이 달라질 것 같은데요"라고 말하며 단순한 질문을 이해하는 데 분명한 정의가 필요한 것처럼 말했다. 마지막으로 데이브의 반응을 좀 더 면밀히 살펴보면 그가 질문에 결코 대답하지 않았다는 것을 알 수 있다.

하지만 다른 모든 남자들처럼 데이브도 또 다른 기회를 얻을 자격이 있다. 그럼 두 번째 질문에 대한 데이브의 반응을 살펴보자.

질문2 : 남자친구가 바람 피우는 것을 알았을 때 여자가 어떻게 해야 한다고 생각하세요?

데이브는 다시 다리를 꼬고는 대답하기 전에 가벼운 헛기침을 했다.

"그건 상황에 따라 다르겠죠."

그는 이어서 말했다.

"내 말은 그건 그가 솔직히 고백했는지 아닌지에 따라 다를 것 같군요. 그 남자가 사과했나요? 그가 당신에게 어떤 보상을 했죠? 제가 무작정 비난하기는 좀 그렇군요."

지금쯤이면 경고음이 사방에서 울리고 있어야 한다. 당신은 사방에 적색 경보가 울리는 것을 들어야 한다! 무엇을 보고 들어야 하는지 알고 나니 거짓을 가려내는 것이 쉽게 느껴지지 않는가?

첫 번째 질문과 마찬가지로 여기서 데이브는 여러 가지 언어적, 비언어적 거짓 징후를 나타낸다. 그는 극적으로 반응했고 매우 단순한 질문에도 혼란스러워했다. 지연과 죄책감 조장, 그리고 엉뚱한 대답까지 내놓았다.

우리는 데이브에게서 여러 가지 분명한 거짓 징후를 보았다. 그는 애슐리가 원하는 남자가 아닐 거라는 데 당신도 동의할 것이다.

척

척에 대해 분석하기 전에 정신 차리기를 기억하라. 우리는 모든 남자에게 공평한 기회를 줄 필요가 있다. 너무 많이 강조해서 귀에 딱지가 앉을 정도겠지만 우리는 정신 차리는 것을 쉽게 잊는다. 이것은 당신의 분석에 엄청난 영향을 미칠 수 있는 문제임을 기억하라.

예를 들어 당신이 남자친구와 안 좋게 헤어졌다면 한동안은 연애에 대해 전과 다르게 바라보고 약간 방어적인 태도를 갖게 될 것이다. 네 남자에 대한 우리의 분석도 마찬가지다. 데이브의 반응을 살펴본 뒤 우리는 거짓말쟁이에 대해 불쾌해하고 있는 상태이다. 이것은 척을 분석하는데도 영향을 미칠 수 있다. 하지만 우리는 남자들에게 공평한 기회를 주고 그들을 객관적으로 분석해야 한다는 것을 기억하기 바란다.

질문1 : 바람 피워본 적이 있어요, 척?

"아니요. 결코, 절대 없어요."

척은 눈 하나 깜박하지 않고 즉시 대답했다. 그녀의 눈을 바라보며 그는 진지하게 말했다.

"왜 물어보세요?"

그녀가 대답하기도 전에 그는 불쾌한 표정으로 결론을 지었다.

"저는 바람 피우는 남자를 존중할 수 없어요."

이 질문에 대한 척의 반응과 당신의 분석은 어떠한가? 당신은 혹시 비언어적 거짓을 찾아냈는가? 나는 찾지 못했다. 사실 척은 분명하고 직설적이었다. 그리고 무엇보다도 진심이었다.

언어적 거짓은 어떤가? 척의 다음 질문이 당신을 혼란스럽게 했을 것이다. "왜 물어보세요?" 이 질문에 관심을 가졌다면 잘한 일이다. 질문에 질문으로 응대하는 것이 거짓의 징후일 수 있지만 이 경우에는 흥미롭고 다소 개인적인 질문을 받는 것에 대한 정상적인 호기심이라고 판단된다. 당신이 이러한 상황이라면 어떻게 대답하겠는가? 대부분의 사람들은 왜 그런 질문을 하는지 궁금해할 것이다. 따라서 내가 볼 때 척의 반응은 빨간 깃발을 들 만한 것이 아니다. 여기서 중요한 것은 척이 질문에 먼저 대답했다는 것이다. 그리고 어떤 거짓 징후도 보이지 않았다.

그렇다면 이 말은 어떤가? "저는 바람 피우는 남자를 존중할 수 없어요." 이 말이 뭔가 이상하다고 생각했다면 당신은 일이 어떻게 돌아가는지 훤히 꿰고 있는 것이다. 이 말이 거짓말로 들릴 수도 있지만 거짓을 가려낼 때 이 말만 고려해서는 안 된다. 5장에서 다룬 몰입의 창에 대해 기억하기 바란다.

몰입의 창이 열리는 동안에 우리가 보고 듣는 것은 질문이 인지되고 난 뒤 5초 간의 말과 행동이다. 척은 몰입의 창이 닫힌 뒤에 이 말을 했고 그의 대답에 대한 부가설명이었다. 그러므로 초기 반응의 일부가 아닌 것이다. 몰입의 창에 대해 다시 한번 기억하기 바란다. 그러면 당신은 척의 최초 반응 뒤의 모든 언급은 무시해야 한다는 것을 깨달을 것이다.

질문2 : 남자친구가 바람 피우는 것을 알았을 때 여자가 어떻게 해야 한다고 생각하세요?

척은 대답하기 전에 아주 잠깐 헛기침을 했다.

"차버려야죠!"

잠시 어색한 침묵의 시간이 지나고 척이 말했다.

"솔직히 고백할 게 있어요……."

애슐리는 속으로 '오, 이런. 올 것이 왔군'이라고 생각했다. 그녀는 '전에 사귀던 여자 친구를 두고 바람 피운 적이 있어요'라고 폭탄발언을 할 거라고 생각했다. 하지만 척은 전혀 예상치 못한 고백을 했다.

"쏘아 붙여서 미안해요."

그는 그녀에게 사과했다. 애슐리 입장에서 바람 피워본

적이 없다고 완강히 말하는 것을 쏘아 붙였다고 할 수는 없었다.

"그러니까, 전에 만났던 여자 친구와 좋게 헤어지지 못했어요. 3년이나 사귀었는데 알고 보니 그중 2년이나 그녀가 바람을 피웠더라고요. 이해심이 많은 것도 때로는 단점이라고 친구들이 그러더군요. 그건 그냥 넘어갈 수 있는 일이 아니라고요."

내 결론은 척의 반응은 진심이라는 것이다. 그는 간결하고 상냥하게 대답했고, 질문을 인지하고 대답하기까지 아주 짧은 시간이 걸렸다. 나는 애슐리에게 척은 바람 피운 적이 없다고 자신 있게 말할 수 있다. 바람 피우는 것을 용납하지 못한다는 것도 그의 진심이다. 물론 척과 데이트를 할지 말지는 애슐리의 선택이다.

필

지금까지의 점수는 1대 1이다. 거짓말쟁이 하나. 솔직한 사람 하나. 이제 필이 어느 쪽인지 살펴보자. 필의 반응을 분석하기 전에 우리 모두 정신 차리는 것을 잊지 말자.

질문1 : 필, 바람 피워본 적이 있나요?

"진심으로 저한테 그걸 물어보는 건가요? 제가 그런 타입의 남자로 보이세요?"

그는 살짝 자세를 고쳐 앉으며 방어적으로 말했다.

"제 말은…… 그게 왜 중요한지 모르겠네요. 제가 당신을 두고 바람 피우는 일은 절대 없을 겁니다!"

내가 밝히기 전에 먼저 필의 대답이 의미하는 것이 무엇인지 생각하라. '이 남자는 분명 뭔가를 숨기고 있어'라고 생각하지 않았는가?

당신은 그의 수면상태가 살짝 자세를 고쳐 앉으면서 깨어나는 것을 목격했을 것이다. 그의 거짓말이 아주 분명하게 들렸을 것이다.

우선 그는 죄책감 조장을 사용해 질문에 대답했다. 그다음에 질문에 대한 적절한 대답이 되지 않는 말을 했다. 지금까지 발견한 것을 볼 때 필은 애슐리의 데이트 상대로 매우 가망 없어 보인다.

필이 자세를 고쳐 앉으면서 물었다.

"제가 한 번 물어보죠. 만약 남자가 바람 피운 사실을 알게 되었다면 어떻게 하시겠어요?"

그녀는 시선을 아래로 떨어뜨리며 털어놓았다.

"바람 피운 사실을 알게 된 적이 있어요, 필. 그래서 그 남자와 헤어졌다고 말하고 싶지만 그게 두 번째로 바람 피운 거였죠. 저는 딱 두 번뿐이었길 믿어요! 어쨌든 결국 저는 그와 헤어져야 했어요."

필은 자세를 고쳐 앉으면서 되받아 물었다. 두 번째 질문 역시 대답을 하지 않았다. "미안하게 됐군요. 필. 우리 모두 당신의 뻔한 수법을 알고 있어요." 애슐리에게 필을 만날 생각은 절대 하지 말라고 말할 것이다.

샘

기억을 되짚어보면 애슐리의 마지막 데이트 상대인 샘은 조금 어린 편에 속했다. 이십 대 후반으로 매우 젊은 옷차림이었다. 스키니 진과 단순한 후드 티셔츠를 입었다. 그의 얼굴은 면도를 하지 않아 지저분해 보였지만 그녀는 그것이 설정이라고 생각했다. 그의 눈썹은 세심하게 다듬어져 있었고 짙은 녹색 눈동자를 가지고 있었다. 나이 차이에도 불구하고 애슐리는 맞은편에 앉은 샘에게 호감을 느꼈다. 그는 의자에 몸을 편하게 기대고 앉아 다리를 꼬았다.

처음 몇 분간 두 사람은 형식적이고 일상적인 대화를 나눴다. 샘의 전화벨이 울리자 그가 당황하며 황급히 전화를 껐다. 그의 전화벨은 그녀가 좋아하는 노래였다. 그것을 계기로 좋아하는 음악에 대해 이야기를 나눴다. 그녀가 마침내 첫 번째 질문을 해야겠다고 생각했을 때에는 시간이 얼마 남지 않은 상태였다.

질문1 : 샘, 바람 피워본 적이 있나요?

샘은 매우 즐거운 듯 보였다. 가만히 앉아서 능글맞게 웃으며 말했다.

"아뇨, 없어요. 뭐, 졸업무도회 때 제 데이트 상대가 취해서 두 명, 아니지, 세 명의 다른 남자한테 키스했죠. 복수로 저는 교장 선생님 볼에 키스를 했고요. 그것도 해당되나요?"

샘은 질문에 자신의 성격대로 대답했다. 당신은 애슐리와 샘의 사이가 꽤 괜찮은 것을 알 수 있을 것이다. 그녀는 그에게 음악에 대해 편하게 이야기했고 스트레스가 없을 때 그가 어떻게 반응하는지를 주의 깊게 관찰했다.

애슐리가 스트레스 유발 질문으로 압박을 가했을 때 그는 갑자기 늑대인간으로 변하거나 화를 내지도 않았다. 대신 그는 그들의 대화 내내 하던 대로 대답했다. 그는 재미있어 했고 약간 능글맞게 굴었다. 그리고 그는 그녀의 질문에 약간 농담을 섞어가며 대답했다. 지금까지 나는 어떤 거짓의 징후도 발견하지 못했다. 당신은 어떤가?

질문2 : 남자친구가 바람 피우는 것을 알았을 때 여자가 어떻게 해야 한다고 생각하세요?

이번에 샘은 더 완강한 모습이었다.

"헤어져야죠. 당연히 차버려야 합니다! 빨리 다른 남자를 찾아봐야죠!"

애슐리가 동의하며 고개를 끄덕이는 것을 보고 샘은 예리하게 말했다.

"흠, 그래서 오늘 여기 나오셨나보죠?"

샘은 애슐리에게 의미심장한 질문을 한 첫 번째 남자이다. 당신은 질문에 질문으로 답한 것에 대해 언어적 거짓 징후라고 할 수도 있다. 하지만 그는 이미 질문에 알맞은 대답을 했다. 그것도 꽤 철저히. 이 질문은 그 후에 한 것이다. 내가 보기에 이것은 샘이 통찰력이 있을 뿐만 아니라, 애슐리가 왜 스피드 데이트에서 그런 질문을 하는지에 대해 진심으로 궁금해 하는 것으로 보인다. 나는 샘과 애슐리의 미래가 기대된다.

당신은 이제 이상형을 찾을 자격이 있다

애슐리는 아주 빠른 속도로 네 명의 남자를 만나 누가 거짓말을 하는지 누가 진실을 말하는지 분석해야 했다. 생각해보면, 이것은 매일 당신에게도 일어나는 일이 아닌가?

우리는 매일 거짓말하는 사람들을 만난다. 당신을 속이려는 판매원, 당신의 자리를 노리는 동료, 당신의 남자 친구를 원하는 친구 등. 우리는 순간순간 누가 거짓말을 하고 있는지 판단해야 한다. 그래야 적절히 대응할 수 있기 때문이다.

우리가 거짓말을 읽어내는 것은 최고의 경찰관이 되기 위해서가 아니다. 의사결정 과정에서 자신을 보호하기 위해서이다. 누군가가 당신에게 거짓말을 하고 있다는 것을 알면 당신은 빠르고 현명한 결정을 내릴 수 있다. 미래가 불투명한 상대에게 주말을 낭비하는 것, 당신의 가치를 알아보지 못하는 남자에게 시간과 에너지, 감정을 낭비하는 것을 그만둘 수 있다.

이러한 결정은 삶의 모든 영역에 영향을 미친다. 과거에 당신은 얼마나 많은 거짓말에 속았는가? 당신이 믿었던 남자가 거짓말을 했기 때문에 헤어진 적은 또 얼마나 많은가? '바람 피운 적이 없다'와 같은 심각한 거짓말이든, 집을 조금 부풀려 말한 것 같은 작은 거짓말이든 말이다.

당신은 이보다 더 나은 대접을 받을 자격이 있고 진실을 들을 자격이 있다. 그리고 이것이 우리가 거짓말 탐지를 배우는 궁극적인 목적이다. 이 책을 마치면서 내가 당신에게 원하는 두 가지는 남자에 대한 반감을 갖지 않는 것과 거짓말하는 남자를 잡아낼 때 우리가 배운 체계적인 단계를 잊지 말라는 것이다.

이 책에서 당신이 배운 기술은 당신이 어디를 가든 어떤 사람을 만나든 현명한 결정을 하도록 도와줄 것이다.

이 책에서 우리가 기억해야 할 것은 거짓말을 하는 사람
들을 찾아 나서고 사냥하려는 것이 아니라는 점이다. 우리
는 거짓말쟁이들을 공격하는 법을 배운 것이 아니다. 거짓
말쟁이들에게 앙심을 품으려는 것도 아니다. 그저 남자가
거짓말을 할 때 자신을 보호하는 법을 배운 것이다.

10.

완벽한 이상형을
찾기 위한 필살기

완벽한 이상형을 찾기 위한 필살기

· · ·

우리는 1장에서 만난 네 명의 남자 중 누가 거짓말쟁이인지 알고 있으며 무엇보다도 왜 거짓말을 했는지 알고 있다. 당신은 또한 누가 진실을 말했는지도 알고 있다. 이 지식만 가지고도 남자들의 거짓된 행동을 간파하는 데 도움이 될 것이다.

거짓말하는 남자를 간파하는 법을 배움으로써 얻는 가장 좋은 점은 당신이 남자에게 속으면서 몇 년씩 시간과 돈, 감정 등을 낭비하지 않아도 된다는 것이다. 당신은 자유롭게, 정말로 좋은 남자를 찾아 나설 수 있고, 당신에게 맞는 누군가를 찾을 수 있다. 당신이 거짓된 행동을 찾아낼 때 무엇을 보고 들어야 하는지, 어떻게 보고 들어야 하는지 잊지 않는 것이 중요하다.

하지만 거짓말에 정말로 능숙한 사람들에게는 CIA 거짓말 탐지 수사관인 나조차도 속는 경우가 있다. 따라서 당신이 더 나은 데이트 탐정이 되기 위해서는 세 가지 심화개념이 필요하다.

깊이 들어가기 1 : 무대 정하기

당신이 거짓말 탐지를 위한 가장 이상적인 환경을 고를
수 있다면 어떻게 하겠는가? 당신은 남자가 가장 편안해
질 수 있는 곳으로 저녁을 먹으러 가겠는가? 아니면 당신
의 집 거실을 선택하겠는가? 아니면 공원 한가운데를 선
택하겠는가? 그것도 아니면 뒷마당에 있는 테이블에 자리
를 잡겠는가? 아니면 수영장에서 맥주를 마시면서 대화하
겠는가?

'무대 정하기'는 우리의 첫 번째 심화개념이다. 무대를
정하는 이유는 당신과 남자를 더 편하게 만들기 위해서이
다. 능숙한 거짓말쟁이를 상대할 때 당신이 그를 관찰하고
있다는 사실을 결코 흘려서는 안 된다. 이제 곧 어떤 일이
일어날 것이라거나 당신이 그의 수법을 알아차렸다는 것
을 알려주어서도 안 된다.

그렇다고 무대 정하는 일을 너무 서둘러서는 안 된다.
가능한 상황들에 대해 면밀히 따져볼 수 있는 시간을 갖

기 바란다. 너무 서둘러서 남자를 심문하는 상황으로 몰아
넣는다면 상황이 오히려 남자에게 유리해질 수 있다.

다음의 내용들은 당신이 남자의 거짓을 간파할 때 가장
좋은 위치를 선점하기 위한 무대 정하기에 관한 것이다.

당신의 정상상태는 무엇인가?

우리는 이 책에서 남자의 정상상태를 알아내는 것에 많은
부분을 할애했다. 이제 당신의 정상상태 쪽으로 눈을 돌릴
차례이다. 일단 당신이 문제의 남자와 얼마나 오래 만났는
지 생각해보라. 그와 얼마나 많은 전화통화를 했으며, 그
와 함께 있을 때 당신의 일반적인 태도와 행동, 분위기, 억
양은 어떤지 생각해보라. 당신이 그를 대하는 태도가 갑자
기 달라진다면 그는 분명 당신을 의심할 것이다.

'무대 정하기'라는 것이 우리가 어디서 남자를 만나고
둘 사이의 자리 배정은 어떻게 할 것인지의 문제이기도
하지만 당신도 무대의 일부라는 것을 결코 잊지 말기 바
란다. 그래서 당신의 옷차림과 헤어스타일, 기분과 억양
등도 모두 중요하다. 그럼 잠시 멈춰 스스로에게 물어보
자. 그 남자와 만날 때 당신의 정상상태는 무엇인가? 다시
말해서 당신은 그를 만날 때 느긋하거나 재미있거나 섹시

하거나 쌀쌀맞을 수도 있다. 한 마디로 그 남자와 만날 때 당신이 이미 세워놓은 무대는 무엇인가?

예를 들어 당신이 어떤 남자와 세 번의 데이트를 했고 몇 가지 의심스러운 문제의 진실을 밝히기로 결심했다고 해보자. 당신은 그와 만날 때마다 쾌활하고 장난기 있고 도발적이며 신선한 모습을 보여줬다. 당신의 옷차림과 행동, 이야기도 마찬가지였다. 그렇다면 이것이 당신의 정상 상태이다. 그의 거짓을 밝히기로 결심한 날에도 이 모습을 고수해야 한다.

당신의 정상상태를 고수해라

남자의 거짓을 밝혀내기 위해서는 당신 스스로 솔직해야 하고 아니면 적어도 그가 아는 당신이 되어야 한다. 섹시한 도서관 사서가 당신의 스타일이라면 그것을 고수해라. 캐주얼한 커리어 우먼이 당신의 스타일이라면 갑자기 야생마처럼 옷차림을 바꾸지 마라. 화장이나 옷차림을 그대로 유지하고 당신이 원래 하던 대로 행동하라.

'섹스 앤 더 시티'의 캐릭터들을 생각해보자. 거침없는 사만다, 매력 있는 캐리, 착한 샬롯, 냉정한 미란다가 있다. 당신이 그 남자와 세 번을 만나면서 사만다처럼 행동했다면 네 번째 데이트에서 미란다처럼 행동해서는 안 된다.
그는 즉시 무슨 일이 있다는 것을 알아차릴 것이다.

당신의 습관을 조심해라

당신은 무슨 일이 있어도 그를 함정에 빠트리거나 갑자기
그가 의심하도록 만들어서는 안 된다. 따라서 당신의 언어
적, 비언어적 행동을 감시해야 한다. 예를 들어 당신도 남
자의 과거, 배신, 실직, 성생활, 재정 상태 등에 관한 문제
로 그에게 맞서는 일이 분명 즐겁지 않을 것이다. 그래서
이런 일을 계획하고 있을 경우 당신이 긴장하는 것은 당
연하다. 아마 전에 그를 만났을 때보다 더 긴장할 것이다.
때문에 당신의 정상상태를 고수하는 것이 중요하다. 당신
은 그가 의심하게 만들어서는 안 된다. 따라서 중요한 질
문을 할 때가 되면 당신의 습관들을 조심해야 한다.

- 과도하게 목을 가다듬기

- 손을 너무 많이 움직이거나 만지작거리기

- 너무 크게 얘기하거나 작게 얘기하기

- 과도하게 다리를 꼬거나 풀기

- 퉁명하게 또는 방어적으로 대화하기

최대한 이상적인 무대를 정하라

우리가 무대를 정하는 것은 다 그의 연기를 보기 위해서이다. 그렇다면 당신은 그의 연기를 가장 잘 볼 수 있는 좌석을 원할 것이다! 따라서 당신이 주도적으로 그와 만날 장소를 정해야 한다.

가장 이상적인 무대는 남자의 비언어적 행동을 가리지 않는 무대이다. 당신이 그를 더 많이 볼수록 그의 몸이 수면상태에서 깨어나는 것과 그가 안절부절 못하는 모습, 손과 발의 움직임 등을 알아내기가 쉽기 때문이다. 더 많이 볼수록 거짓도 더 많이 간파할 수 있다.

내가 용의자에게 거짓말 탐지 검사를 했을 때 가장 이상적인 상황은 나와 용의자의 무릎이 90센티미터 떨어져 있고 장애물이 없는 것이다. 그래야 내가 용의자의 비언어적 행동을 볼 수 있기 때문이다. 당신은 남자와 당신 사이에 최대한 장애물이 없는 장소를 선택하도록 해야 한다.

우선 당신과 남자가 자주 가던 곳을 생각해보라. 거리상의 편리함 때문에 항상 같은 클럽이나 식당에서 만났을 지도 모른다. 하지만 그 장소가 적합한 무대가 아니라면 다른 장소를 물색해보기 바란다. 그리고 둘 사이에 장애물이 비교적 적은 장소를 골라보라. 당신은 그의 다리를 덮

는 테이블보가 없는 레스토랑이나 테이블이 낮은 커피숍
등을 탐색하라.

그의 몸 전체가 다 보이는 것이 이상적이지만 인위적
으로 보여서는 안 된다. 자연스러워야 한다. 따라서 장소
에 너무 고민하며 집착할 필요는 없다. 또 무대가 너무 무
대 같아서도 안 된다. 예를 들어 미리 커피숍을 하나 정해
놓고 갔는데 당신이 앉으려던, 장애물이 없는 안락한 커
플석에 이미 누가 앉아 있다고 해서 괜히 소란을 피우지
마라. 당신이 매니저를 불러 그 자리에 앉아 있는 사람을
다른 자리로 옮겨달라고 말한다면 이것은 무대를 세우는
것이 아니라 소란을 피우는 것이다! 당신이 가장 자연스
러운 모습을 유지해야 하는 것처럼 무대도 자연스러워야
한다.

최근에 있었던 일로 대화를 시작하라

일단 남자를 편안하게 만들 장소를 정했다면 그를 편안하
게 만들 주제도 생각해보자. 영화, 스포츠, 정치, 최근에 있
었던 사건 등이 될 수 있다. 이런 주제에 대해 얘기할 때
도 너무 계산한 것처럼 보여서는 안 된다. 남자가 만약 전
형적으로 자기주장이 강한 부류라면 당신은 주제 선택에

관해 고민하지 않아도 된다. 왜냐하면 이미 과거에도 그는 항상 관심이 있는 것에 대한 이야기를 먼저 꺼냈고 당신은 그저 따라갔기 때문이다.

이런 남자는 자리에 앉자마자 거침없이 이렇게 말할지도 모른다. "휴, 오늘 상사한테 완전 밟혔어요." 음, 그렇다면 일에 대한 이야기가 그를 편안하게 하고 긴장이 풀리게 할 가능성이 높다.

그가 "오늘 그 게임 봤어요?"라고 묻는다면 스포츠에 관한 이야기도 같은 역할을 할 것이다. 또는 그가 앉자마자 "어제 친구와 에일리언 4를 봤어요. 정말 좋은 영화예요!"라고 말한다면 영화에 대한 대화가 그를 진정시킬 거라는 좋은 신호이다. 하지만 그가 대화 중에 수줍어하고 서먹해하는 타입이거나 당신이 주도해주기를 기다리는 타입이라면 준비해 가야 한다.

- 지난주에 말한 콘서트는 어땠어요?
- 최근에 본 영화중에 괜찮은 게 있나요?
- 당신이 좋아하는 팀이 어제 경기하지 않았나요?
- 요즘 화제가 되고 있는 의료보험 논쟁에 대해 어떻게 생각하세요?

— 제가 지난주에 보내드린 그 앨범 들어봤어요?

이런 종류의 간단하고 위협적이지 않은 질문은 당신이 자연스럽게 대화를 주도할 수 있게 해준다. 하지만 무엇보다도 중요한 것은 그가 편하게 느끼는 주제를 고르는 것이다.

질문을 미리 준비하라

1장에서 내가 애슐리에게 스피드 데이트에서 만날 남자들에게 던질 두 가지 질문을 준비해주었던 것을 기억하는가? 그것은 우연이 아니었다. 내가 여성들에게 데이트 탐정이 되는 법을 가르칠 때도 질문을 준비하라고 말한다.

미리 준비하라 | 남자를 어느 정도 만나고 나면 그에 대해 뭔가 석연치 않은 점이 생길 것이다. 또 그가 항상 피하는 주제나 앞뒤가 맞지 않는 대답에서 막연한 의심이 들 것이다. 결전의 날을 위해, 당신이 꼭 알고 싶은 질문을 준비하라. 당신이 차분하고 자연스럽게 남자를 대하는 것도 중요하지만, 당신이 무엇을 알고 싶고 어떤 질문을 할 것인지를 결정하는 것도 중요하다.

한두 가지만 질문하라 | 이것은 심문이 아니라는 것을 기억하기 바란다. 한 번에 그 남자에 대해 알고 싶었던 모든 것을 물어볼 수는 없다. 나는 두 가지 정도만 물어보는 것이 적당하다고 생각한다. 당신은 묻고 싶은 게 더 많을지도 모르지만 그가 정직한 남자라면 나중에 얼마든지 물어볼 기회가 있을 것이다. 일단은 가장 중요한 질문들을 고르고 그 중 한두 가지만 물어라.

단순하게 질문하라 | 당신의 질문은 간단하고 직접적이어야 한다. 그가 엉뚱한 대답이나 지연 반응을 하거나 질문을 다시 해달라고 말할 기회를 주어서는 안 된다. 이렇게 절대 묻지 마라.

"어떻게 생각하세요. 냉정하게 생각해서, 남자가, 당신은 아니더라도, '원나잇 스탠드'를 가지고 나서 전화를 하지 않는다면, 물론 만약에 그렇다면요?"

반드시 이렇게 물어라.

"'원나잇 스탠드'를 해본 적이 있으세요?"

이렇게 물음으로써 그에게 유리한 지연 전략을 피할 수 있다. 그래도 여전히 그가 지연 전략을 사용한다면 차분하게 다시 질문하라.

자연스럽게 질문 연결하기 | 적절해 보이는 시점에 질문을 해야 한다. 너무 빨라도 안 되고 너무 늦어도 안 된다. 자연스럽게 대화 속에 녹아들듯이 질문을 던져야 한다.

입을 다물고 들어라 | 일단 질문을 하고 나면 입 다물고 들어라. 그리고 그의 반응을 면밀히 관찰하라.

깊이 들어가기 2 : 교감

당신은 방금 만난 사람과 정말로 '잘 맞는다'고 느낀 적이 있는가? 방금 만난 사람과 음악이나 영화, 음식, 패션에 대한 취향이 같을 때의 느낌, 방금 만났을지라도 오랫동안 알고 지낸 것 같은 그 느낌 말이다. 1년에 몇 번밖에 보지 못하지만 일단 만나면 매일 만난 것 같은 느낌이 드는 친구가 있지 않은가.

익숙하고 정이 가는 편안한 느낌을 '교감'이라고 한다. 그리고 교감은 당신이 거짓말을 알아내려고 할 때 좋은 지원군이 되어줄 것이다. 거짓의 관점에서 교감을 발전시키는 한 가지 방법은 '모방하기Mirroring and Matching'이다.

《나는 너를 책처럼 읽을 수 있어》의 저자인 그레고리 하틀리와 매리엔 커린치는 '모방하기'를 이렇게 설명한다. "……당신이 이야기를 하고 있는 사람과의 밀접한 관계를 보여주기 위한 자연스러운 방법이다. 당신은 그런 긍정적인 느낌을 전달하고 상대를 편안하게 해주기 위해서 의식적으로 모방할 수도 있다."

연구에 따르면 사람들은 자신들의 기분과 관심, 열정, 과거를 모방하는 사람들에게 반응한다. 이것은 사람들을 편안하게 하고 거짓말을 할 가능성도 낮춘다. 또 그들이 뭔가 거짓말하고 있다 하더라도 경계를 늦추고 있기 때문에 거짓말을 알아내기가 훨씬 수월할 것이다. 여기 교감을 쌓는 몇 가지 방법이 있다.

좀 더 그들처럼

교감은 그를 많이 이해하거나 당신의 기분이 좋아지는 것이 아니다. 교감은 모방하기에 좀더 가깝다. 모방하기는 당신이 남자와의 공통점을 찾음으로써 그의 경계를 늦추게 만드는 간단하고 절제된 방법이다.

예를 들어 당신이 중요한 질문을 하려고 만난 자리에서 너무 분위기를 띄우거나 흥분하지 마라. 자신을 억제하고 그의 기분을 모방하려고 해라. 그가 속삭이는 목소리로 말한다면 당신도 그의 톤에 맞춰라. 남자가 시끄럽게 떠든다면 당신도 시끄럽게 떠들어라. 그들이 조용하다면 당신도 조용히 있어라. 당연한 얘기지만 거짓말쟁이는 자신의 거짓말에 너무 빠져 있어서 이것을 알아채지 못할 것이다. 그러니 마음대로 모방하기 바란다.

맞추기와 이끌기

맞추기와 이끌기Pacing and leading는 모방하기의 다른 모습이다. 이것은 상대방이 당신과 함께 있는 시간을 편안하게 느끼고 있는지를 알아내는 더 적극적인 방법이다.

예를 들어 당신이 다리를 꼬거나 앞으로 몸을 내밀거나 낮은 목소리로 이야기했다고 해보자. 그들이 당신을 모방하기 시작했다면 그것은 당신을 편하게 느끼고 있다는 의미이고, 당신이 좀더 편안해지는 것을 원하는 것이다. 당신이 오른쪽에서 왼쪽으로 다리를 꼬았는데 그가 따라한다면 이것은 단순히 모방한다기보다는 당신을 편안하게 생각한다는 뜻이다. 그것은 당신이 상대와 교감을 쌓았다는 좋은 신호이다.

교감을 방해하지 마라

교감을 쌓는 일은 중요하다. 하지만 교감을 방해하지 않는 것 역시 중요하다. 교감을 방해하는 것들은 다음과 같다.

- 너무 비판적인 태도
- 설교 투로 말하기
- 아는 체 하기
- 지적하기
- 말하는 중간에 끼어들기
- 자신의 기분을 지나치게 직설적으로 표현하기
- 자랑하기

깊이 들어가기 3 : 당신의 직감을 믿어라

우리의 마지막 심화개념은 겉으로 보기에는 단순해보일 수 있지만 내 경험상 현대 여성들에게는 가장 어려운 일 중 하나다. 바로 자신의 직감을 믿는 것이다. 결국에 거짓말 탐지는 그저 여자의 직감의 문제일 수도 있다. 스스로에게 이렇게 말해본 적이 있는가? '이 남자 느낌이 좋지

않아. 내 직감을 따라야겠어.'

거짓말 탐지의 정답은 없다. 이 책은 내 경험을 바탕으로 한 것이고 이 책의 전략들이 대부분의 경우 성공하지만 항상 그런 것은 아니다. 당신의 직감을 믿어라. 느낌이 좋지 않다면 하지 마라. 당신의 남편이 바람 피우는 것 같다면 왜 그렇게 느끼는지 생각해보고 확실한 증거를 찾아라. 당신의 느낌이 틀리면 비난을 받을 것 같은가? 그렇다고 남편이 바람 피우는 것을 그대로 놔둘 수는 없지 않은가.

당신이 이렇다 할 거짓 징후를 보지 못했더라도 뭔가 잘못됐다고 느끼면 그 느낌을 믿어라. 이 책의 목표는 당신이 모든 사소한 일들에 대해 의심하도록 만드는 것이 아니라 자신을 믿고 어떤 남자를 만날 것인지를 결정하도록 도와주는 것이다.

당신은 그 누구에게 어떤 것도 빚진 것이 없다. 남자가 당신을 속이지 않는다고 해서 그를 계속 만나야 한다는 의미도 아니다. 더군다나 남자가 당신을 속인다면 계속 만날 이유가 없는 것이다. 이성과 헤어지는 데 꼭 어떤 증거가 필요한 것은 아니다. 아주 약간의 거짓 징후만으로도 이별을 결심할 수 있다. 이것은 당신의 삶이다. 당신의 주도권을 찾고 거짓과 정면으로 싸워라.

완벽한 이상형을 찾기 위한 필살기

1. 무대 정하기 : 가장 이상적인 무대는 남자의 비언어적 행동을 가리지 않는 곳이다. 둘 사이에 장애물이 비교적 적은 장소를 고르고 그의 다리를 덮는 테이블보가 없는 레스토랑이나 테이블이 낮은 커피숍 등을 탐색하라. 또 당신도 무대의 일부이므로 화장이나 옷차림을 그대로 유지하고 당신이 원래 하던 대로 행동하라.

2. 상대방과 교감하기 : 교감은 모방하기에 좀더 가깝다. 모방하기는 당신이 남자와의 공통점을 찾음으로써 그의 경계를 늦추게 만드는 간단하고 절제된 방법이다.

3. 당신의 직감을 믿기 : 당신이 이렇다 할 거짓 징후를 보지 못했더라도 뭔가 잘못됐다고 느끼면 그 느낌을 믿어라.